대한문인협회 부산경남지회 동인문집 – 창간호

낙동강 갈대바람

시음사
시사랑음악사랑

[표지설명]

자연예찬

설경란 화가, 시인

환경변화로 인해 자연이 오염되고 변질되는 것을 안타깝다. 자연에서 모티브를 찾아 화면 속에 색과 질감으로 새로운 조형화 작업을 시도하였다.

인간은 자연의 일부이다. 서양인은 자연을 지배하려지만 우리 동양인은 자연과 더불어 살아 왔다. 어릴 때 자연에서 뛰어놀고 즐기는 것을 좋아한 편이라 그 기억으로 어른이 되어서는 자연을 그림으로 즐기고 있다.

각박한 도심 속에 자연을 심어주고 싶다. 그런 마음으로 일반 풍경화가 아닌 나만의 방식으로 자연을 작품화 시켜 보았다.

[발간 에세이]

동남풍에 갈대가 부르는 노래

조양상 시인 수필가

아마도 수많은 바람 중에서 가장 많은 사람이 좋아하고 불어오기를 바라는 바람이 남풍이고 그중에서도 간새, 샛마파람, 경명풍, 청명풍이라 불리는 동남풍일 것이라는 생각이 듭니다. 동남풍은 이름 그대로 동남쪽에서 서북쪽으로 부는 봄바람입니다. 그 봄바람에는 매화 향기도 배어 있고 굶주린 이들의 배를 채워주는 보리냄새도 묻어 있습니다.

또한, 풀 중에서 가장 생각이 많은 풀이 갈대입니다. 온 세상을 굽이굽이 흘러 온 강물이 바다에 이르기까지 감내하고 간직해야 했던 수많은 이야기를 은발의 머릿결로 풀어 흔드는 갈대는 오염된 강물까지 정화해 주는 사려 깊은 글 풀입니다. 동남풍만큼이나 세상을 그윽하게 해주는 것이 문학의 향기, 글 내음입니다.

여기 우리나라 동남쪽에 사는 문인들의 모임인 대한문인협회 부산 · 경남지회 회원들의 시와 수필을 모은 동인문집을 발간합니다. 아직 부족하고 미력하기에 뭉클할 묵향보다는 어시장 호래기 먹물처럼 먹먹하지만 문학에 대한 열정과 사랑은 푸른 바다에서 막 건져 올린 생물만큼이나 퍼덕거립니다.

모름지기 문인은 글 바람, 글 풀이 되어야 합니다. 세상에 곰팡이가 피지 않도록 뽀송뽀송 글 바람으로 말려주고 풀처럼 메마른 대지에 초록 옷을 입혀 주고 꽃과 열매를 온전히 베풀어 이 땅의 비타민이 되어야 하며 이는 문학창작과 출판을 통해 실현됩니다.

시 • 에세이 동인문집 창간호 [낙동강 갈대 바람]이 발간될 수 있도록 문학작품을 보내주신 문우 여러분과 대한문인협회 김락호 이사장님, 또한 출판을 담당해 주신 시음사 관계자 분들, 특히, 이 책을 통해 세상과 사람들을 더욱 사랑해 주실 독자 여러분께 머리 숙여 감사를 드립니다.

대한문인협회 부산 · 경남지회장

목차

목차

목차

목차

[초대시 1]
담장을 허물다

공광규

『담장을 허물다』(창비, 2013)

고향에 돌아와 오래된 담장을 허물었다
기울어진 담을 무너뜨리고 삐걱거리는 대문을 떼어냈다
담장 없는 집이 되었다
눈이 시원해졌다

우선 텃밭 육백평이 정원으로 들어오고
텃밭 아래 사는 백살 된 느티나무가 아래 둥치째 들어왔다
느티나무가 그늘 수십평과 까치집 세채를 가지고 들어왔다
나뭇가지에 매달린 벌레와 새 소리가 들어오고
잎사귀들이 사귀는 소리가 어머니 무릎 위에서 듣던 마른 귀지 소리를 내며 들어왔다

하루 낮에는 노루가
이틀 저녁엔 연이어 멧돼지가 마당을 가로질러 갔다
겨울에는 토끼가 먹이를 구하러 내려와 방콩 같은 똥을 싸고 갈 것이다
풍년초 꽃이 하얗게 덮인 언덕의 과수원과 연못도 들어왔는데
연못에 담긴 연꽃과 구름과 해와 별들이 내 소유라는 생각에 뿌듯하였다

미루나무 수십그루가 줄지어 서 있는 금강으로 흘러가는 냇물과
냇물이 좌우로 거느린 논 수십만마지기와
들판을 가로지르는 외산면 무량사로 가는 국도와
국도를 기어다니는 하루 수백대의 자동차가 들어왔다
사방 푸른빛이 흘러내리는 월산과 청태산까지 나의 소유가 되었다

마루에 올라서면 보령 땅에서 솟아오른 오서산 봉우리가 가물가물 보이는데
나중에 보령의 영주와 막걸리 마시며 소유권을 다투어볼 참이다
오서산을 내놓기 싫으면 딸이라도 내놓으라고 협박할 생각이다
그것도 안 들어주면 하늘에 울타리를 쳐서
보령 쪽으로 흘러가는 구름과 해와 달과 별과 은하수를 멈추게 할 것이다

공시가격 구백만원짜리 기울어가는 시골 흙집 담장을 허물고 나서
나는 큰 고을의 영주가 되었다

시인 **공광규**

1960년 서울 돈암동에서 태어나 충남 청양에서 자랐다. 동국대 국문과와 단국대 대학원 문예창작과를 졸업했으며 1986년 월간 《동서문학》으로 등단했다. 시집으로 『대학일기』 『마른 잎 다시 살아나』 『지독한 불륜』 『소주병』 『말똥 한 덩이』 『담장을 허물다』, 연구서로 『신경림 시의 창작방법 연구』와 시론집 『시 쓰기와 읽기의 방법』, 시 창작론인 『이야기가 있는 시 창작 수업』이 있다. 신라문학대상, 윤동주상 문학대상, 동국문학상, 김만중문학상, 현대불교문학상, 고양행주문학상과 〈2013 '작가'가 선정한 오늘의 시〉에 가장 좋은 작품으로 선정되었다.

[초대시 2]
동동

김규동

올챙이 철들면
쌀나무 밭에서 피를 솎았지
그 끝에
침 퇴퇴 뱉어서 개구릴 잡았어
살금살금 풀 섶을 뒤지다
달락말락
멍머구리 콧잔등에 들이대고 놀렸지

개구리 동동 파리 동동
개구리 동동 파리 동동

꼴깍,
마른 침 넘기며 물을까 말까
벌렁,
울음주머니 키우며 삼킬까 말까
망설임 끝 콱 물면
얼른 낚아채 논두렁에
탁 패대기쳐 잡았지

시인 **김규동**
대한문인협회 부산경남지회 지도교수

김재엽(金在燁) 본명 김규동(金奎東) 시인, 문학박사. 1960년 영월에서 태어나 평창에서 자라고 부산에서 배운 뒤 창원에서 밥벌이 하는 행복한 예수쟁이다. 2002년 《한국문인》 으로 등단하였고 〈따로또같이〉동인이다. 36년째 볼보건설기계(주)에서 굴착기를 만들며 창원대학교에서 강의한다.

*저서 | 『박용래시 창작방법연구』, 푸른사상사, 2010.

*시집 | 『전어』, 나무아래서, 2012.

김단 시인, 수필가

- 울산광역시 거주
- 대한문학세계 시, 수필 등단
- (사)창작문학예술인협의회 정회원
- 대한문인협회 부산경남지회 회원
- kimgane@hanmail.net

추상(秋想)의 고질병

김 단

죽은 듯 산 듯
꽃이 진자리에
희미한 주검의 그림자가 일렁인다

입동 속에 갇힌 만추
낙엽의 맥박은 느려지고
나무의 호흡은 가빠졌다

가을의 배를 가르고
시간을 수혈해 보았지만
낙엽의 회생은 요원하기만 하다

삶의 중간과
시간의 끄트머리

나와 시간 사이에
해마다 반복이 되는
추색(秋色)이라는 불치의 고질병

첫사랑

김 단

하얀 햇살에
눈 끝이 흐려지는 날

투명한
이슬에 담긴
옛 인연의 애가(哀歌)

숲길에
널브러진
희뿌연 추억은

내 안의 건너편
대각선 저 너머
어두운 공간 속으로
자꾸만 멀어져 간다

중년의 시간은 질주하고

김 단

달빛은 말없이 산하를 비추고
불꽃이 가득 머물렀던 가슴엔
갈잎의 낭만이 백화로 산화된다

중년에서 노년으로
내일의 뜨락을 향한 세월의 속도

시간의 폭풍이
사계의 강을 따라
세월의 바다로 무섭게 질주를 해간다

삶의 황혼기에서

김 단

소리 없는 탄식
무아 속에 존재한 죄의식
삶 속 혼합된 일상의 불순물은
세월의 강을 따라 흘러가고

황혼의 슬픔
백발에 칠해진 하얀 세월
웃음기 사라진 삶의 향기는
달빛의 눈물을 담고 말없이 퍼져 간다

삶의 단음 소절
눈물 속에 감춰진 작은 악기
음절마다 단순한 소리가 아닌
사색하는 선율로 못 이룬 회한을 연주한다

고독한 계절의 묵상(默想)
태산도 못 막을 계절의 흐름은
잔인한 태양의 낙조마저
시간의 연인으로 만들어 버렸다

시객(詩客) 단풍에 물들다

김 단

초록의 변신
신록의 잎새 안에 스며든
색다른 감정들
시객의 추상(秋想)마저 물들였다

붉은 시야 안쪽 너머
화려한 단풍의 감탄사만 들려온다

홍매의 눈물

김 단

이리저리 왔다 갔다
잿빛 하늘가 먹구름

봄 오길 재촉하듯
먹구름 울음 토한다

깊은 잠
이내 깬 홍매의 푸념

싱그러운 바람
홍매의 잔털 말려주고

구부렸던 가지
또다시 허리를 편다.

기다렸다 피고 지고
이제 다시 가야 하는

홍매의 슬프디 슬픈
그 아픔의 눈물을

이 따스한 봄날
그 여백을
언제 다시 메워 주려나

유월의 만월(滿月)

김 단

오!
박처럼 희뿌옇고 펑퍼짐한 품새
어두운 밤 허연 방뎅이 까고
무작정 들이미는 저 뻔뻔함!

어험!
이리 오너라
가까이 오너라
더 가까이 오너라

깊어만 가는 이 밤
우리 운우지정 나누며
이 긴 밤을 새워 보자꾸나

함께 놀아보자
함께 즐겨보자
함께 사랑하자

유월의 한여름밤
투실투실
마음씨 고운
한여름밤의 저 만월이여!

추야의 묵상(默想)

김 단

고운 가지 긴 끝
단풍마다
회상의 시간이 걸렸다

사색의 뜨락
통한의 상흔들은
현실의 아픔으로 승화되고

시월의 시린 달빛
네가 담가둔
묵은 세월 속 만추에 취했구나

초동(初冬)의 풍장(風葬)

김 단

겨울의 초입에 들려 온
만추의 서글픈 부고(訃告)

한 점의 시간도
한 닢의 계절도
한 푼의 추억마저도

황량한 벌판의 끝
그 먼 길을 향해
모두 길을 떠나 버렸다

죽은 갈바람의 부고에
오늘도 삼도천 나루터
그 어귀에는 느낌을 잃은
낯선 문상객들만 북적거리고 있구나

추야의 교향곡

김 단

계절의 악보에 걸린
시간 속 멜로디

우수에 찬 달빛은
화음을 이끌고
회귀하는 바람은
리듬을 맞춘다

한껏 감성 충만한
풀벌레 합주단
B 코드의 음계를 넘어
초절정의 옥타브에 도전한다

추야의 교향곡
파동의 멜로디는
감성적 영혼이 되어
자아 속에서 산화가 된다

황혼의 프러포즈

김 단

세심(洗心)의 뜨락
고운 연정 가득 부어
써내려간 추색 짙은 분홍 편지

이슬빛 맺힌 하얀 달빛 창가
날개 잃은 바람의 풍선에
한 삶의 비장함을 전하며

무심 속에 흔들렸던 시간
새로운 반쪽의 꿈같은 약속을
샛노란 봉투 안에 정갈하게 동봉합니다

삶은 아픔으로 번져간다

김 단

시간은 계절 속으로
아무런 설명 없이
잰걸음으로 지나간다

옅은 미소 띤 갈바람
초목마다 색색이 스며들고
싱그럽던 그늘의 낭만은
저무는 계절의 허무함이 되어 버렸다

고요함으로 채워진 산정(山頂)
신록의 뜨거운 아쉬움은
만추의 아련한 그리움이 되어
만산홍엽에 그려졌다

내 마음속에 비친 내 모습
굵게 패인 세파의 흔적은
삶의 커다란 아픔으로 포장되어
작은 마음속 큰 파장이 되어 퍼져간다

장애우 이 씨

김 단

정말 오랜만에 토요일의 여유를 가져 본다. 벌써 유월의 중순이다. 오늘은 내가 사는 동네의 5일 장이다. 오후 3시 경 뭉친 어깨를 두드리며 자리에서 일어났다. 시장에 가려고 세수만 대강하고 허름한 옷으로 갈아입었다. 시장 볼 돈 3만 원을 지갑에 넣고 천천히 시장 쪽을 향했다. 하늘이 희뿌옇게 잿빛의 막을 친 듯 우중충하게만 느껴진다. 오후 늦은 시간이어서 그런지 늘 걸려 있던 동대산 허리춤, 동해의 비릿한 안개는 사라졌다. 동대산 자락의 떠나버린 안개의 빈자리에 초록의 싱그러움이 대신 자리를 잡아버렸다.

저 멀리 보이는 시장. 골목의 삶이 조금씩 내게로 들려온다. 울산 경주 간의 국도 7호선! 화물차마다 서로 빠른 질주를 꿈꾸고 잠시 곁에 쉬고 있던 건널목은 긴 한숨을 고르고 있다.

장에 들어서니 골목마다 각자의 삶을 흥정 중이다. 나도 그 흥정판을 본격적으로 기웃거리며 그 삶의 좋고 싼 맛의 흥정을 가만히 지켜만 보다 다시 걸었다. 상추 바구니를 펼치는 할머니, 따끈따끈한 두부를 파는 아저씨, 보세 옷을 쉬으며 손님을 부르는 아줌마, 생선 주변에 파리를 쫓는 할아버지, 모두 내가 자주 보던 얼굴들이다. 시장 아래쪽 원 다방을 지났다. 그 앞쪽에 내가 오일장에서 가장 흥미를 가지는 곳의 노 전 앞에 이르렀다. 생닭을 파는 젊은 부부의 노 전, 정말 다른 노점과 하나도 다를 바가 없다.

저 위와 아래의 노점과 비교하여 닭의 품질이 더 좋고 더 큰 것도 아니다. 가격도 싼 것도 아니다. 덤으로 생닭을 한 마리 더 주는 것도 아니다. 그런데 오늘도 어김없이 이 노점에는 단골들이 줄을 서 있다. 나는 이 노점의 주인이 그냥 편하여 단골이 되었다. 20여 분을 기다렸다. 주인은 7,000원짜리 생닭 두 마리를 쪼아 검은 봉지에 담아준다. 그것을 받아 든 나는 또 다른 삶의 흥정을 찾아 터덜터덜 두리번거리며 길을 나선다.

시장길 백여 미터쯤 아래쪽에 있는 시장 식육점 앞을 내려갔을까 시끄러운 시장 통에 신 나는 노래가 오가는 행인들의 귀를 잡아 세운다. 요즘 내가 한창 신경을 써서 배우는 트로트 "내 나이가 어때서"라는 신 나는 노래였다. 잠시 멈추어 섰다. 마음속 깊은 곳에서는 벌써 신나는 흥과 활발한 율동이 인나. 그 노래의 주인은 시징에시 실과 바늘을 팔고 있는 장애우 이 씨였다. 그는 나를 발견하며 반가이 눈인사를 건넨다. 이 씨는 내가 미력하나마 운영위원으로 관여하고 있는 울산장애인복지센터의 한 이용자였다. 함께 얼굴을 본 기회가 많아서인지 그가 먼저 나를 향해 인사를 건넨다. 나는 눈웃음과 눈인사로 인사를 하였다. 어릴 적 교통사고로 하반신을 절단하여 불구가 된 이 씨. 그는 장날마다 좁은 골목과 길바닥을 밟고 활기차게 누비고 다닌다. 두꺼운 검정 고무판을 하반신에 두르고 한 손은 땅을 짚고 다른 한 손은 수레를 밀면서도 이 씨는 늘 밝은 표정으로 웃음을 잃지 않고 살아가고 있다.

언젠가 이 씨는 높은 곳보나 낮은 곳이 좋나나 내게 밀을 한 적이 있었다. 높은 곳보다 낮은 곳이 더 따뜻하고 정감이 넘치며 희망찬 곳이라고 말을 하였다. 반면 그는 장애인에 대해 그릇된 편견과 오해 때문에 속이 상한 적도 여러 번 있었다고 하였다. 내면의 아픔을 말하던 그때 그 표정만 잠시 어두웠을 뿐 이후 이 씨는 늘 밝은 표정이었다. 이 씨의 표정은 세상 편견과 오해가 준 찰나의 어두운 감정이었으리라. 태생부터 낙천적이었다는 장애우 이 씨, 그는 밝은 세상을 마음껏 보고, 듣고, 느끼며 열심히 살아가는 것, 그리고 지금 장터의 사람들과 함께 일할 수가 있어서 행복하다고 하는 이 씨, 그는 오늘도 환한 태양처럼 밝아 보인다. 내가 만약 이 씨와 같은 조건의 장애인이었다면 나는 어떠했을까? 저리 밝게 살 수 있었을까. 아마 지금도 저렇게 밝게 살기는 힘들 것이라는 생각이 든다.

장애인에 대하여 아무것도 몰랐던 내가 처음 장애인 복지센터의 운영위원이 되고 난 이후 경주에 1박 2일간 장애체험을 다녀온 적이 있었다. 지체장애 체험이었다. 지체장애 체험, 휠체어에 탄 첫 느낌은 하늘은 높아졌고 땅은 더 가까워졌다는 것이었다. 당장 내가 위치한 자리의 높이부터 달랐다. 너무나 생소하고 너무나 불편한 그런 환경이었다. 나는 어릴 적의 습관 중에 길을 가다 작은 돌이 보이면 휙 하고 걷어차던 버릇이 있었다. 발에 걸리던 작은 돌조차도 나를 귀찮게 한다는 그런 무의식중의 피해 의식이 있었던 것 같다. 지체장애, 그 작은 돌은 지체 장애인에게는 어떤 의미일까. 조심조심 다니려 해도 툭 걸려서 넘어지는 그런 존재가 아니었을까. 전에 이 씨도 최고로 귀찮은 존재가 돌과 도롯가의 턱이라고 하였었다. 그때 내가 느낀 점은 사람이 일평생 아프지 않고 온전히 산다는 것도 엄청난 행복이라고 생각을 해보았다. 휠체어를 타고 앞으로 가고. 옆으로 가고 뒤로 돌아가는 것 모두 생소하였고 정말 힘이 들었었다. 나는 장애 체험 소감에서 "세상은 참 높아 보였습니다. 가로수도 건물도 지나가는 사람들의 마음까지도 높고, 길가에 있는 돌 하나. 풀 한 포기조차도 신경이 쓰이는 게 바로 장애우의 마음이었습니다."라고 말을 한 적이 있었다. 그만큼 어려웠고 그만큼 세상의 벽은 높았다. 그들은 매일 매일 이 어려움에 부닥치고 있다. 내가 가고 싶은 곳으로 갈 수 있는 이동의 권리는 누구에게나 있는 권리이다. 그러나 그들은 그 권리를 모두 누리지 못하고 있다. 주변 환경이 열악해서이기도 하다. 하지만 용기와 자신감이 없어서 나오지 못하는 사람들도 아직 많다. 그래도 장애우 이 씨는 세상의 따가운 편견과 주위 환경의 어려움에 당당하게 맞서면서 세상 밖으로 나온 아주 용기 있는 장애우이다.

우리 주위에서 선천적이 아닌 장애우 이 씨처럼 교통사고나 다른 사고로 인하여 후천적으로 장애를 갖게 되는 경우가 종종 있다. 일단 다치면 준 장애인이다. 그래서 장애는 어느 사람에게 특정된 것이 아니다. 장애는 누구나 가질 수 있다. 1박 2일 장애 체험을 하는 동안 느낀 점은 장애인에 대한 나의 인식, 그들의 입장에서 그들을 이해하며 살아야겠다는 생각을 했었다. 낮은 눈으로 세상을 보는 일, 우리 모두 꼭 한 번쯤 해보았으면 하는 경험이었다. 이건 꼭 장애 뿐만은 아니라고 생각 한다.

잠시 상념에 잠긴 동안 장애우 이 씨는 팔순 촌로와 같은 눈높이에서 침을 튀겨가며 가격흥정 중이다. 흥정 물건은 어릴 적 내가 많이 보았던 3,000원짜리 하얀 실타래이다.

이 씨의 원가와 촌로의 2,000원의 가격 흥정이 팽팽하다. 촌로는 이 씨와의 흥정에서 별 소득이 없는지 쓴웃음을 지으며 그냥 자리에서 일어난다. 장애우 이 씨 잠시 머뭇거리다 결심한 듯 촌로를 불러 세웠다. 그리고 500원을 깎아주며 중간 가격 2,500원을 제시한다. 촌로는 더 깎으려다 말고 이 씨의 사정을 봐주는 것 같은 표정이다. 촌로는 치마폭 고쟁이에 달린 돈주머니를 풀어 2,000원을 이 씨에게 건네며 실타래 하나를 산다. 조금 아쉬워하는 이 씨 지금은 환한 표정으로 지나가는 손님들의 얼굴을 올려다보며 다시 삶을 팔고 있다.

서로서로 보고, 배우고, 나누고, 의지하며 공존하는 조그마한 장터, 장돌뱅이들의 진정한 삶의 터전. 그 뿌리가 담긴 이곳에 어둠이 서서히 내리려 한다. 모두가 있던 자리에서 떠나고 남겨진 이들의 뒷정리가 한창이다. 내가 선 이 자리, 아름다운 사람들의 모습 행복한 사람들의 모습이 한 폭의 그림 속에 예쁘게 채색이 된다. 그 아름다운 그림이 내 가슴에도. 장애우 이 씨의 가슴에도 고이고이 예쁘게 그려지고 있었다.

이젠 호계 오일장의 막은 내렸다. 유월의 주말 저 붉은 태양은 서편 고갯마루를 훌쩍 뛰어넘고 흥정을 사고팔던 연극은 그렇게 막이 내려가 버렸다. 어둠속에 남겨졌던 나는 검은 닭 봉지를 흔들며 한 발 두 발 집을 향해 힘차게 걸었다. 머릿속에 온갖 상상의 나래를 채우다 보니 집에 도착하였다. 초인종을 눌렀다. 일을 마치고 온 아내가 정겹게 나를 맞이하여 준다. 나는 닭 봉지와 함께 수고 했다는 인사도 함께 건네주었다. 음식을 준비하고 있는 아내의 뒷모습, 예쁘다. 아내의 아픈 팔목을 뒤에서 보고 있자니 마음이 더 아파져 온다. 팔목이 아파도 정성껏 음식을 차리는 아내, 하반신 불구가 되어도 열심히 살아가는 태양 같은 이 씨, 두 명 모두 지금 최선의 삶을 살고 있다.

나는 지금 건강하다. 나도 만약 아프거나 장애를 가진 삶을 살아간다면 저들처럼 밝고 활기차게 살아가리라는 생각을 해본다. 또한, 내가 몸을 담고 있는 장애인협회나 장애인복지센터, 그리고 내 아들이나 내 주위에 어렵고, 힘이 든 사람들이 있다면 늘 그들에게 힘과 용기를 줄 수 있는 역할, 오늘은 그런 역할의 멋진 사회복지가가 되어보리라 하고 마음속 깊이 다짐을 하여 본다.

*호계 오일장: 울산시 북구 농소리에서 열리는 전통 오일장

김유경 시인

- 경남 진주시 거주
- 대한문학세계 시 등단
- (사)창작문학예술인협의회 정회원
- 대한문인협회 부산경남지회 회원
- yugyeong6338@daum.net

집착하면 멀어진다

김유경

아무리 좋아도
너무 가까이는 말자
한 걸음 두 걸음 나아가면서
평행선을 두고 달리는 기차처럼

집착하면 멀어진다
오래 두고 싶은 인연이라면
그 누구, 그 어디에서라도
적당한 만큼 유유히 바라보자

잠시 활활 타올랐다
사그라지는 모닥불보다
긴 세월의 강 유유히 흐르는
인연의 불씨가 아름다우리

인연 따라 흘러가리

김유경

떠날 사람 보내주고
보낼 사람 떠나보내리
인연이 다하면 왔던 길 돌아서고
떠나도 인연이면 또다시 돌아오리라

낙엽 한 잎 두 잎 떨어지고
가을 들녘마저 텅 비워내는데
오고 가는 인연 누가 막으랴

시월의 아름다움도 저물어
알싸한 자태 이토록 감출 줄이야
떠나가는 그대 한없이 서러워도
나 그대 위해 안녕 노래 부르리라

그대 날 사랑하지 않아도

김유경

그대 날 사랑하지 않아도 좋다

무더위에 지쳐도 가을은 오고
바람은 불어도 달빛은 고요하니
그대 굳이 날 사랑하지 않아도 좋다

보고싶다 고백하지 못해도
봄 햇살처럼 그대 사랑하고
초록도 겨우면 별꽃 피우면 그만

물들면 떠나갈 만남이고
어차피 그리움 노을 질 인연이라서
그대, 굳이 날 사랑하지 않아도 좋다

별이 오르다

김유경

저녁 예불 마치고
달빛 따라 돌아오는 길
달 내음에 은은한 미소
하늘 향하는 순간

아! 별들이 피어오른다
초롱초롱한 눈빛 모아
둥글게 둥글게 월가 부르고
그 아래 구름이 춤춘다

나뭇잎 손뼉 쳐 박자 맞추면
개울물 작사 여울목 작곡
풀벌레 목 놓아 부르는 합창
바람이 풍경 흔들어 호젓하다

이제 떠나요

김유경

모든 걸 다 내려놓고
홀연히 떠날래요 이제

미움도 사랑도 접어두고
미련없이 떠나가요 이제

집착하는 마음을 버리러
소담한 가을꽃 내음 그윽한
그리운 그곳으로 나 떠나요

모든 걸 내려놓을 미지의 세계로
정녕 미련없이 나 떠나가요 안녕

별이 빛나는 밤에

김유경

별빛이 흐르고
달빛도 여울지는 밤에
밤하늘 뭇 별을 헤아리며
깊은 시름에 잠기어본다

누구를 사뭇 생각하며
무엇을 깊이 헤아리는지
옛 생각 보듬어 보아도
심천 가득 그리움만 기러기

갈대도 허허로워 서걱서걱
달무리에 별빛도 기대는 밤
그리움도 빛으로 명멸하는
보내는 가슴마다 흐르는 별 밤

홀로 아리랑

김유경

그대 지금 떠나려거든
이별이라고 말하지 마세요

그대 고운 모습 남겨둔 채
내 영혼 가져가지 마세요

긴긴밤 잠 못 이루고
내 넋이 하얗게 뒤척이다

그대 머물던 산사 무량한 채
풍경으로 어찌 울어 녹이라고

지금 그대로 떠나더라도
차마 안녕이라 말하지 않으리

길을 가다가

김유경

길을 가다가
이 길이 아니면
먼저 돌아 설래요

길을 걷다가
그 길이 맞으면
영원히 다가설래요

이왕 가는 길
솔 향기 벗 삼는 오솔길에
바람꽃이라도 피우고 싶어요

비가 내린다

김유경

비가 내린다
내 마음 밭에도 내린다

하염없이 내려
망울진 설움도 녹아내리고
떨어지는 빗방울 소리처럼
그리움도 눈물이 씻으려나 보다

이 비가 그치면
밝은 햇살 미풍에
내 마음도 뽀송뽀송
또다시 들꽃도 돋아나리라

비가 적신다
내 영혼의 못에 물망초 핀다

오늘은

김유경

오늘은 해 저물기 전에
그 누구를 헤아리고 싶다
낮은 구름도 담장까지 덮는데

오늘은 달 떠오르기 전에
그대를 받들어 드높이고 싶다
산들바람이 용마루 풍경을 흔드는데

물처럼 바람처럼
하염없이 흐르는 세월도
이끼를 살리고 나무를 키우니

오늘은 닭이 울기 전에
가만히 나를 다독이고 싶다
지난밤 두견도 그렇게 뒤척이던데

김지숙 시인

- 경남 진주시 거주
- 대한문학세계 시 등단
- (사)창작문학예술인협의회 정회원
- 대한문인협회 부산경남지회 회원
- 대한문인협회 한국문학발전상수상
- 현대시를 대표하는명인명시 특선시인선 선정
- 인터넷에 꽃피운 사랑시 선정
- 대한문인협회 이달의 시인 선정
- 저서 : 시집 "촌부의 춤사위"
사랑 느낌 (공저)
사랑의 연가 (공저)
- kimjisoogi@hanmail.net

짝꿍

김지숙

좋은 시계 찼다고
좋은 음식만 먹는 것 아닐 터
지위고하 막론하고
다리를 떨며
뇌가 포맷을 한다.

어릴 적 자장면을 경박스럽게 먹는
친구 옆에서
단무지 하나
얻어먹는 날은
횡재하는 날

자장면과 단무지
완벽한 짝꿍에
음소거 웃음을 지어본다

우수리

김지숙

한글은 몰라도
군더더기 하나 없는
계산법은 일품이다

오늘날
초능력 같은 계산법에는
이해타산이 안 맞는
많은 적자의
분노가 성을 쌓았을 것이다

한쪽 눈으로
물건을 팔고
한쪽 눈으로
거스름돈을 치르며
단독 드리블을 하는 노파

분꽃

김지숙

가장 화려하게 지는
석양을 바라보며 피는 너
한낮에는 이지러진 꽃망울이지만
석양이 붉은 배경을 깔아주면
가두고 있던 울분들을
가슴으로 모조리 토해낸다
흙의 표면을 뚫고
붉은 나신의 너를
눈가림하고 바라본다

세월

김지숙

가면 속에 숨겨져 있는
세월이 날개를 달며
나에게 물음표로 다가온다
때 묻지 않은 순백의 하늘은
희석이 되어
추임새로 남아
초월한 삶 속에 묻혀 있다

이젠
생의 절반은
그대의 굳은살을 닮아 가는
억새 풀 같은
질문과 답변으로
대화의 조각들이 남아 있다

봄비 속에 하얀 눈

김지숙

뜰의 새싹들에
이슬 멍울을 머금게 해주는
봄비는 달콤한 향기이지만
어디에도 앉지를 못하는
하얀 눈은 방랑자이네

봄비는 옛 임들을 만나
도란도란 정겨움을 나누지만
하얀 눈은 임 떠난 흔적만 안은 채
바람에 이리저리 부딪기네

무엇이 이토록
여운이 남아서인지
봄의 문턱에서
갈피를 잊은 채
기억의 문고리만 잡고 있네

김홍님 시인

- 경남 창원시 진해구 거주
- 대한문학세계 시 등단
- (사)창작문학예술인협의회 정회원
- 대한문인협회 부산경남지회 회원
- khn615@daum.net

봄에 지는 꽃

김홍님

섬마을 양지바른 담벼락 모퉁이에 머리를 곱게 땋아 내린
동생의 손을 꼭 잡고 눈만 덩그런히 큰
섬 집 아이가 서 있다
밭두렁 쑥 한 줌과 뒷동산 참꽃 한 아름 따다
사금파리 그릇 삼아 소꿉놀이를 하다가
서산에 해가 넘어갈 즈음 새벽부터 들에 나간 어머니가
고단한 몸을 이끌고 들어오실 제
씁쓸한 젖은 웃음으로 어루만지던
그 거칠고 따스했던 손길이 아련하기만 하다

그 섬 집 아이들 엄마 품을 떠나
각자의 인생길로 삶의 터전을 잡고 살던 어느 날
운명의 장난처럼 예고 없이 찾아온 동생의 암 말기라는
비보 앞에서 우린 할 말을 잃고 서 있었다
차라리 아프다고,
살고 싶다고 소리라도 지를 것을,
흔들림 없는 의연함으로 죽음을 준비하는 초연한 모습에
가슴은 미어지고 또 각자의 골방에서 통곡해야 했던
그 수많은 날들에 못내, 하늘이 원망스러웠다
실오라기 같은 한 가닥 희망마저도 한 잎 두 잎 떨어져
마지막 잎새가 되고 호스피스 병동에서의 생활은
죽음 앞에서 모든 것을 내려놓은 무언의 유언이었다

그녀를 떠나보내던 그 날은 장미꽃이 만발하여
눈부시게 아름다운 오월의 봄날이었다
보내고 싶지 않는 몸부림
정녕, 떨어지지 않은 발걸음 영원한 이별의 손짓
진해 경화역 벚꽃 아래 마지막으로 찍었던 하얀 미소는
영정사진 속에서 환하게 웃고 있었다
마치 아무 일도 없었던 것처럼
살려달라고 눈물로 기도했을 그녀가 다니던 성당 앞에 서면
가슴 한켠 뜨거운 바람이 분다
그렇게 잔인한 봄은 기어코 다시 또 오고
봄꽃은 날마다 벙글어져 피어나는데
저 봄 하늘가에도 상여 꽃 두 송이 하얗게 피어 빛난다
왜, 한 송이가 아니고 두 송이냐고요?
바보 같은 한 남자가 있어
그 애달픈 사랑, 뼈아픈 그리움 견디지 못해
어린것들만 세상에 남겨둔 체
그 이듬해 봄 그녀 따라 먼 길 떠나
밤하늘에 별이 되었다는…

영원히 안녕,
이 말처럼 세상에 슬픈 단어가 또 있을까요

섬

김흥님

내 안에 숨 쉬는
천사의 섬이라 불리는 섬
한 점 한 점 섬들이 유영한다

천형인양 버거운 굴곡의 삶
유배지 같은 척박한 땅에
뿌리 내린 인고의 세월
하얀 소금으로 골백번 다시 태어나도
끝나지 않는 생의 굴레여

대물림하지 않겠다던 가난의 죄
새끼들마저 뭍으로 내던진
눈물겨운 모진 사랑
세월의 탕아 되어
밀물이면 그리움의 배를 띄우고
썰물이면 펄에 묻힌 탯줄 찾아
헤매는 방랑자라

큰 가슴으로 다가와
덥석 안아주던 쪽빛 바다
세월의 무게에 등 휘어진
처음 사랑 우리 어매
그리워 그리워라
꿈결에라도 찾아가
그 섬 바다 품에 잠들고픈
타향살이 달맞이꽃이여

해당화

김흥님

바람의 흔적 따라
해안가 모래밭 사구
붉은 순정의 꽃
전율이 흐르듯
이국적인 향기로 피어납니다

수평선 너머로 멀어져간 임
냉가슴으로 떠나보낸 후
돌아서 속울음 삭힌 세월
몇 날 몇 밤을 눈물로 지새웠던가
황량한 모래바람 속
신기루 되어 다가오는 환영을 봅니다

그리움에 지쳐버린
뼈아픈 원망의 마음
온몸 가시로 철갑을 두른 채
다시는 정 주지 않으리라
여름날 뙤약볕 아래
소금기로 달구어진 정열의 열매
붉은 홍조로 피어나 그대는
양귀비 미소 닮은 해당화입니다

도화원 춘몽

김홍님

아이야, 만화방초 꽃놀이 가자꾸나
오얏꽃이면 어떠하리오
복사꽃이면 어떠하리오
서글서글한 옥빛 눈매
볼우물 깊게 패인 붉은 입술
두견새 울음소리 봄을 재촉하누나

소녀여,
풋내 나는 핑크빛 향기
스치는 바람조차 머물다 가거늘
도화살 띄운 미소를 감추어라
농익은 살 내음을 동여매어라
솜털 뽀송한 희디흰 앳된 살결
때 묻지 않는 순결한 처녀성이여

여인이여,
뇌쇄적인 요염한 자태
달빛 아래 드러나는 실루엣
백도화의 여신이시여
천상의 어느 향기에 비하리오
무릉도원 낙원에 이르러
도화차 한잔에 꽃잎 띄워
詩仙의 숨결 품어 볼까 하노라

내가 좋아하는 한마디

김흥님

아가, 밥은 묵었냐
뭔 반찬에 묵었쓰까 잉
올봄에 보낸 밥밑콩은
꼭 얹어 묵거라잉
종종 괴기도 사다 묵어야제

시도 때도 없이 물으시는
정이 뚝뚝 녹아내리는
전라도 구수한 사투리
언제 들어도 기분 좋은 말
아가, 밥은 묵었냐

자식새끼 보고 싶을 때마다
내심, 서운타
전화나 한 통 주지
뭣이 그리 짬 낼 시간도 없이 바쁠까
문득 그리움으로,
타향살이 자식 소식 목 내밀어 기다리실
섬마을 어무니 생각이 난다

섬돌 위 덩그러니 놓인
시린 신발 한 켤레
그 당신은 뉘라 함께
묵어줄꼬
엄마도 밥 묵었는가

우체통

김홍님

마시멜로 거품 같은
달콤한 사랑
핑크빛 사연 고이 접어
수줍게 내밀던 하얀 손
천사를 닮은 듯한
당신의 아름다운 미소까지도
고스란히 전해주고 싶었습니다

차마 건네고 싶지 않은
이별의 슬픔을 건네주던 날
꽃잎 떨어지는 뼈아픈 상처
실의로 가득 찬 그대 눈빛
한마디 위로조차 할 수 없어
당신이 밤새워 흘린
진줏빛 눈물까지도
말없이 안아주고 싶었습니다

잊는 듯
잊힌 듯
그리움의 망부석이 되어버린
빨간 물들임 사랑의 전령사여
먼 훗날,
당신의 사랑은 어찌 되었는지요

가을의 기도

김흥님

여름내 신열을 앓고 돌아눕던 가슴에
핏물처럼 흥건하게 번지는 그리움들이
제 발로 걸어 나오는 사색의 계절입니다
이슬방울로 곱게 엮은
쑥부쟁이 닮은 소박한 사연들
울바자 뜨락에 옹기종기 마주 보며
이 가을에는
서로를 보듬어 토닥이게 하소서

황금빛 들녘으로 나를 이끌어
천 갈래 만 갈래 바람 앞에
자유로운 영혼으로 서게 하소서
선하품의 게으른 울음일랑 거두고
서릿발 같은 매서운 채찍으로
내 안의 상념 고요히 잠재워
가을에는 빈 가슴으로 사랑하게 하소서

실종된 삶의 조각들을 찾아
잉걸불로 새롭게 거듭나는 불꽃
처음인 양,
마지막인 듯,
이 가을은 사랑에
눈멀고 귀먹게 하소서
뜨거운 열정 가슴에 품어
겉으로 드러나는 화려함보다는
내면의 깊은 성숙을 흠모하는
사유의 바람으로 살아가게 하소서

그대 이름은 가을이어라

김홍님

갈색 내음 짙게 묻어나는
하이얀 종이 위에 곱게 보내온
사랑의 꽃 편지와
손수 써 내려간
정감이 느껴지는
그림엽서 한 장이
그리운 계절

다정히 손잡고
먼 길 떠나고픈
그대 이름은 가을이어라

갈 향기 짙게 묻어나는
한 떨기 들꽃이고 싶은 날
구절초 흐드러진
산모퉁이 돌아서면
문득, 하얀 미소로
행여나 그대 거기 서 있었으면
눈물 나게 가녀린 손짓 가을 연인이 되어!

련(蓮)

김홍님

칠흑 같은 어둠 예토(穢土)의 땅
진흙 속 뿌리 내린 묵언의 수행
숨죽인 속울음 끝내는 뭍으로 올라
돌올한 꽃 대궁 목내밀어
교교월색(皎皎月色) 순결한 자태
차마 바라보기가 눈물겨워라

새벽이슬 담아낸
연잎의 욕심 없는 고갯짓
비우고 또 비워내는 고행의 길
목숨보다 더 고귀한 자존심 곧추세워
결코, 불의와 타협하지 않으리라
하늘을 향한 카타르시스 염화미소여

구릿빛 가을 햇살에 그을린 벌집 씨방
연실 속에 고이 잠든 연자의 생명이여
그대, 천 년의 극락정토(極樂淨土)를 꿈꾸는가

김희선 시인

- 부산 해운대구 거주
- 대한문학세계 시 등단
- (사)창작문학예술인협의회 정회원
- 대한문인협회 부산경남지회 회원
- hees6064@hanmail.net

낙엽의 길

김희선

파란 하늘 끝에
아스라이 걸린 내 마음
스산한 바람이 스치며
생채기를 낸다

절박한 이별이어도
영원한 끝은 아니다
새로운 희망을
잉태하기 위한 고통일 뿐

추록 이파리의 붉은 입맞춤은
또 다른 만남을 위한
화려한 작별이다

바람이 꿈을 꾼다

김희선

구름아
파란 가을 하늘이 있어
아름답구나

서로 애틋해도
내색하지 못하는
어쩔 수 없는 풍경

잡을 수 없는 너
닿을 수 없는 나

눈이 시리도록
그저 바라만 본다

붉은 잎새 위에 새긴
너의 이야기가 아파

스쳐 지나가는
바람이라도 네 곁에
머물고 싶은 간절함

어둠이 밀려와
하늘을 뒤덮어도
저만치서
찬 겨울의 맑은 아침은
희망의 햇살을 피운다

가을 사랑

김희선

시월 어느 날
천 리 길도 마다치 않고
한달음에 내게 온 가을

월동을 위해
시린 가슴 언저리에
불씨 하나 피우고
애를 태웠던

에돌아 갈 수 없는 길

나의 가을은
붉어진 이파리마다
향기로운 꽃을 피우고

찬바람이 스치운다

꽃 진 자리에
초록 낙엽 하나 떨구고

나의 가을은
저만치 멀어져 간다

추억의 길

김희선

떠나온 시간이
가슴 안에서 물그림자처럼
잔잔하게 일렁거린다

나의 빛깔이
너의 빛깔에 물들어
짙이갈 즈음에

가을이 떠나고
또다시 가을이 찾아오고

안개비 소리 없이 너의
어깨너머로 뿌옇게 흘러내리고

배려 깊은 그 속내
안타까워 속울음 삼키며
가슴 졸여야 했던

아픔으로 더욱 깊어진
영혼이여

아름다운 기약

김희선

서쪽 하늘이
붉게 물드는 것은
내일의 맑은 하늘을
기약하는 것이다

정해진 귀가를 위해
그날의 아쉬운 이별이
서럽지 않았던 까닭도
다음을 기약할 수 있었기에

포말로 부서지던
그날의 파도소리는
가슴 안에서 입덧하고

다가서는 새봄은
아무런 조건 없이도
가을의
아름다운 열매를 기약한다

꽃 비가 내린다

김희선

꽃씨 하나 싹을 틔우려고
비어있던 마음 한켠에
텃밭을 가꾸었다

을씨년스러운 찬 겨울의
지독한 미련 앞에

날마다 봄의 전령사는
새벽녘 어두운 창가를 저미고

이슬처럼 말간 아침 햇살의
환한 미소에 눈 맞춤하며

며칠 몇 밤을 그리움으로
하얗게 덧칠하던

다시 돌아온 너의 환한 미소

네가 머무는 그곳에도
분명 꽃 비가 내리겠지

밤눈

김희선

어둠 속에서도 반짝반짝
하얗게 부서져 내리는
순백의 너

시리도록 하얀 차가움에
눈물이 핑그르르

겉은 차가워 보이지만
깊은 속살에 숨겨진
그 뜨거운 열정을
나는 알아

뜨거움과 차가움이
언제나 공존하는 세상

너의 차가움마저도
나는 체온으로 녹여
보듬어 안고 싶은 간절함

순백의 꽃으로 내려앉은
너의 깊은 숨결
눈물겹도록 따뜻하게
입맞춤하고 싶다

말해주고 싶었어

김희선

네가 힘들어하는 모습
가슴 안으로 아프게 쓸어 안는다

게슴츠레 뜬 눈으로
들어오는 아침 햇살 사이로
안타까운 네 모습에
눈을 뗄 수가 없었다

할 말은 많은데
정작 해야 할 말은 찾지 못해
서성거리던 날

말은 아껴야 무게가 있고
몸은 고단해야 가벼이 아침을
맞이할 수 있음이겠지

있어야 할 자리에
있어준다는 것만으로도
충분히 행복하다고

말해주고 싶었어

어디에도 보이지 않는 네 모습
하늘에서 땅끝까지
회색빛 안개만 자욱하더라

그대가 있기에

김희선

오늘같이 하늘이
잿빛 구름으로 온통 뒤덮인 날
내 깊은 그리움은 조바심으로
안타까움을 자아내는데

아침 햇살보다 더 맑고
따뜻한 빛깔의 그대 음색이
뜨거운 호흡 사이로 깊게 스며왔다

꿈결 같은 노래는
혈관을 타고 세포 마디마디에
붉은 반점을 새기며 흐르고

오늘따라 더 멀어 보이는 북쪽 하늘
내 그리움의 눈물 대신 봄을 재촉하는
비라도 흠뻑 뿌려 주었으면

살아 있기에 사랑할 수 있고
사랑하기에 그리워할 수 있음에

내 영혼이 기대어 숨 쉴 수 있는
따뜻한 가슴을 지닌 그대가 있어
얼마나 감사한지요

지워지지 않는 물그림자

김희선

상행선을 달리는 열차가
오래 묵은 추억을 토해 내고 스친다

처량하게도
가슴 한켠에 구겨 넣어둔
그리움 한 조각을 펼치고

주어진 환경을 벗어날 이유도
확신도 찾지 못했던 너울진 시간

철저히 혼자라는 쓰디쓴 허물을
벗겨 낼 여력조차 없이

말로 다하지 못한 언어들이
가슴 안에서 생채기를 내고

흔들리는 물빛 사이로 지워지지 않는
물그림자가 짙게 내려앉는다

요란한 세상 속에
홀로 고요를 꿈꾸어 보지만

대책 없이 울컥거리는 깊은 상념
차라리 무감각해질 수만 있다면…

문은자 시인

- 창원시 마산 회원구 거주
- 대한문학세계 시 등단
- (사)창작문학예술인협의회 정회원
- 대한문인협회 부산경남지회 회원
- 경남대학교 행정대학원
  사회복지학과 재학중
- 현) 여우의 하루 창원 메트로시티점 운영
- sanmo1004@daum.net

무학산 둘레길에서

문은자

이름 모를 어느 누군가의 묘에
가을 낙엽이 수북이 덮여 있다.
해마다 가을 낙엽이 저 묘를 찾아와서
함께 이불이 되고 거름이 되고
친구가 되어 줄 것 같아
왠지 모르게 콧등이 시큰해진다.
묘의 주인은 죽어서도
산자처럼 사그라지는
흙더미가 야속할지 모르지만
그 맘을 아는지 모르는지
둥그런 낙엽 더미와의 만남은
무심코 시나칠 수 없는
풍경이 되어 발길을 멈추게 한다.
이제 곧 저무는 가을
최후의 전사가 되어
떨어질 마지막 이파리는
휑한 찬바람에 이끌려
어느 이름 모를 가난한 이의
무덤에 홀연히 왔다가
사라질 거름이 되어
찬란히 아름다웠던 지난날의
푸른 청춘의 꿈을 기억하리라.
아무도 몰랐던 내 꿈이
소중했듯이
너의 꿈 또한 그러하였기에….

가을 세레나데

문은자

그대 내 좋은 이여
가을 하늘이 눈부신 날이면
키다리 억새 노니는
작은 강변 오솔길을 따라서
갈바람 보드랍게 부는
그리움 하나 품어 보세요.

어디선가 작고 여린 바람이
갈대의 긴 머릿결을 스치다가
그대의 두 볼을 어루만지면
하얀 들국화 향기 닮은
수줍은 미소를 지을지 몰라요.

붉거나 샛노랗게
무한한 색감으로 물든
이 계절이 주는 기쁨은
그것이 눈물을 영그는
이별의 세레나데가 될지라도

감당할 수 있을 만치의
희열에 가슴 떨려 하고
허우적거리지 않을 만큼만
짙은 주홍빛 노을에 빠져서

가을 들녘 메마른 풀 향기에
스민 추억 하나 남겨둔 채
살짝이 조심스레 그렇게 오시어요.

월하 김달진 시인 생가에서

문은자

시인이 태어나신 소사 마을에
깊숙이 자리한 초가지붕은
어머니의 품속처럼 정겹다.

대나무가 병풍처럼 둘러싸인
장독대를 가끔 바라보시며
긴 청마루에 앉아
어지러운 시대와 인생을
노래하셨을 임의 향수에
마음이 아리어 숙연해진다.

생가의 주인은 가고 없건만
손 때 묻은 옛 가재들만
꼼짝도 않는 장승이 되고

먼 추억을 먹고 사는
초가의 푸른 마당엔
가을이 몰고 온 햇살 아래
주홍빛 홍시가 익어가는데

옛 보금자리를 지켜 온 새들만이
고요와 침묵을 흔들며
힘찬 날갯짓으로 날아오른다.

설경란 시인, 화가

- 창원시 성산구 거주
- 대한문학세계 시 등단
- (사)창작문학예술인협의회 정회원
- 대한문인협회 부산경남지회 회원
- 개인전 5회 / 부스전 4회
- 한국 창원 미술협회 회원
- 글로벌 현대미술협회 "無" 회원
- 성산 미술대전 초대 작가
- jsjj2120@daum.net

첫눈을 기다리며

설경란

낙엽 지고 바람 불던 날
첫눈이 기다려진다
순백의 세상 맞이하고 픈
설렘에 동지 밤도 설겅설겅
잠 못 이루고 기다린다

인적마저 드물어
홀로 바람만 외로운 거리
목화 솜이불 깔아주고 싶은
아스라한 휘파람 소리로
첫눈을 맞고 싶습니다

첫눈이 내리면
흘러간 그리움도 함박
지나온 발자국도 소복소복
솜사탕처럼 달콤했던 첫사랑
그대와 눈길 거닐고 싶습니다

신영희 시인

- 부산시 북구 거주
- 대한문학세계 시 등단
- (사)창작문학예술인협의회 정회원
- 대한문인협회 부산경남지회 회원
- yhesin@hanmail.net

잠 못 이루는 밤은

신영희

잠 못 이루는 밤에는
그대 향한 마음들이
그리움으로 너울거린다

밤하늘에 떨어지는 저 빗물
내 가슴에 눈물 되어
잿빛 하늘 같은 상념만 남긴다

하루의 역사를 기록하는 시간
여름 향기도 옅어지고
빗물의 시샘도 멈춰선 찰나
눈꺼풀 스르르 내려 앉는다

빗물에 떠내려가는 여름
내년을 기약하지만
잠 못 이루는 밤은 그대와의 고운 추억들
내 삶의 아름다운 풍경으로 다가온다

갈바람 불어오면

신영희

갈바람 불어오면 나는 낙엽이 됩니다
나의 마음인 양
속 살 버린 겉모습만 남으니까요

당신을 그리워한 내가
서글퍼 보이는 지금
당신도 나를 생각할까,
낙엽이 포근하게 안아 주네요

약속하다고 생각만 하고
미안하다 말만 하는
당신이 때론 미워질 때도 있지만
허공 속의 당신은
언제나 나를 보고 웃는 것만 같아
나는 미소 짓고 있어요

갈바람이 불어오면
당신이 떠날까 봐 나는 싫어요
나는 언제나 당신의
바람막이가 되어 주고 싶은 마음

마지막 이파리 남을 때까지
당신을 바라보며
언제나 웃으며 지낼래요

모시 적삼

신영희

태양이 뜨겁게 내리쬐는 계절이면
가지각색 꿰매고 꽃단장한 창호지
백두대간 돌아서 안마당에 들어선다

행여, 품위 떨어질세라
손끝에 힘주어 풀무질로 날 세운 뒤태
안방 시렁에 점잖게 누워있다

이 계절에 우아하고 귀한 나의 동반자
빳빳이 각 잡아 덩실덩실 어깨춤 추며
훤히 속곳을 드러내 앙탈도 부려본다

나들이마저 멈추게 했든 다듬잇방망이
두견새 우짖는 소리에 진달래 서럽게 떨고
잠잠히 가신 임 샛바람이 불어 세운다

연주회를 다녀와서

신영희

어둑발 내린 문화회관 중극장
초롱초롱한 눈빛 환한 미소
다소니를 만난 듯 설렌다

드뷔시와 호흡하고
쇼팽이 시를 지으며
내남없이 박동 소리 가쁘다

연주자의 손끝을 타고
그랜드피아노 속으로
그린 나래 펼친다

밤이 깊어 갈 즈음
도시는 어느새
귀 잠에 빠져들고 있다

사랑 먹은 도시락

신영희

어느 날부터 새벽별과 함께
챙기기 시작한 아들의 도시락

어릴 적 아버지가 싸 주신
소중했던 사랑 보따리가 생각난다

볼품없고 부실했던 내용물,
마음 한켠 자리한 엄마는
약봉지를 달고 살았지

따뜻한 밥은커녕 하얀 쌀밥이
그리웠던 그때 그 시절

어느덧 중년이 된 지금
새삼 아들 도시락을 챙기며
벽시계 속에 숨어 미소 지어본다

따뜻한 밥과 조막조막 담겨 있는 반찬들
올봄엔 사랑을 함께 먹는 행복 도시락

염규식 시인

- 울산광역시 동구 거주
- 대한문학세계 수필 등단
- (사)창작문학예술인협의회 정회원
- 대한문인협회 부산경남지회 회원
- DSK, D&C대표
- ym9736@naver.com

실낙원

염규식

환희를 잃고 휘청 이는 봄
기다리는 생명, 마음을 열었는데

꽃향기 대신 풍기는 세상의 역겨움
억겁의 영속에 약속 지킨 계절이건만

긴 기다림 속에 그대는 봄의 이방인
기다린 봄은 왔건만 잊지 말란 한 마디

봄을 외면한 그 자리엔 꾸지람의 인생
끝이 없는 이기심에, 봄볕에 소름만

흔들어 버린 봄의 낙원 이처럼 서러워
푸른 하늘, 구름도 미안해서 외면하네

슬프게 봄은 가고, 이것이 실낙원

유월의 향기

염규식

지쳐 버린 하루해는 노을을 토해내고
더운 바람 밀어내고 다가오는 먼 산
내 손에 가득 찬 엄마의 분 냄새

짧은 시간 너의 사랑 이토록 서러워서
이별의 아픔 가시마다 맺혔으니
고운 살결 마디마다 사연으로 뭉쳐있고

세월의 아우성에 꽃 비 뿌려 화답하니
바람결에 들려주는 너의 과거사
남긴 정 아쉬움에 닫힌 가슴 붉어진다.

절반 넘긴 한해는
아직도 들길 헤매는 내가 가여워
주고 간 살가운 향기, 내 가슴을 애무하고

내 눈을 멀게 하는 해지는 먼 산과
엳어지는 노을의 남긴 숨결 내 가슴을 적실 때
바람결에 풍기는 황홀한 미소, 시인을 부른다

나의 노래

염규식

소년은 들판의 푸름과 정기를 받았다
달리는 소년은 태양보다 붉었고
꿈은 창공의 솔개보다 높이 날았다

오월의 빨리 시드는 장미 뒤에
퇴색한 영광의 들판을 지나면서
세월은 면류관을 시들게 하고
사나운 바람으로 명예의 옷을 벗겼다

힘이 다해버린 세월의 죽음을 보면서
초원을 달리는 푸른 갈기는 흐트러지고
흐르는 시간에 색 바랜 영광을 내어 준다

운명을 가로 지르며 외쳤던 노래를 기억하고
현재를 먹어버리고 짙은 그림자를 남겨버린
과거를 돌려 새워, 긴장과 자극을 다시 찾는다

이제 창공의 꿈은 세월에 던져버리고
의미와 가치와의 동침을 사랑하면서
백색 갈기 날리며 초록빛 하늘을 달린다

현재를 포옹하고 미래를 손짓하며 부르는
나만의 노래

순례자

염규식

내가 진실하라고 말한다
내가 행복해지기를 바란다고 말한다

자아는 끄덕이며 시인도 부인도 않는다
세포 속에 핏줄의 비등점이 뇌리를 치며

침착히, 침착히 하며 진정시킨다.
누굴 위해서도, 신을 위해서도 아닌

먼 길을 돌아가면서도 믿으라고만 한다
찰나의 연속, 순리에 적응하며 기약 없는 길

시공을 초월한 사모하는 그곳을 그리워하며
삶의 의미를 찾기 위해 나그네처럼 떠돈다

머물다가 그리고 다시 떠나는 인생의 고된 걸음
그리고 조금씩 가까워지는 안식처를 찾아 떠나는

소우주의 역사를 만들며 그냥 한 걸음씩 간다
순례자처럼……

근조등(謹弔燈)

염규식

샛바람이 불고, 진눈깨비 내려도
때가 되면 오가는 영속의 세월,
계절의 시간은 꾸지도 않고 빌려주지도 않는
오가는 계산이 철저하다

어둠 속의 시리도록 붉은 홍등 아래 나부끼는
푸른 나비의 춤사위는
가슴의 허무감에 북을 치면서
이름 석 자 전사하고 먼 길을 간다

또 하나의 별이 검은 호수의 가운데 빠지면
괜스레 흐려진 동공에 붉은빛이 잠기고
대신할 수 없는 외로운 길
얼마나 짊어지고, 내려놓았는지

바람도 외로움에 여기저기 마실 다녀도
밤잠 못 이뤄 외로움의 바다에 빠진들
어차피 한 번밖에 읽지 못하는 나만의 책
이제 얼마 남지 않은 여분의 책 꼼꼼히 읽어 가리라

별이 되어라

염규식

안타까움아! 별이 되어라
눈물아! 별이 되어라

아픔도, 설움도 버리고
빛난 별이 되어라

슬픔 안고 떠난 고운 눈망울
어둠 세상 밝히는
찬란한 별이 되어라

반쪽만 어정거리는
대한의 뒤안길 비춰주는
등대 같은 별이 되어라

혼란스러운 우주의 연속에
푸른빛을 밝히는
찬란한 별이 되어라

놓아버린 고운 꿈
온 누리에 비추어
원망과 미움 버리고

사랑으로 감싸주고
포근하게 비춰주는
아름다운 별이 되어라

바람이 머물고 싶은 곳

염규식

구름 한쪽 悔恨을 걸치고, 傲然함으로 떠돈다
기약할 수도 없는 영원을 헤매고
빨리 가지 않아도 좋은 길이기에

저기 넓은 세상 꿈꾸는 너의 상념 잡아주랴
뚫린 너의 영혼 채워주랴,
아니면 세상 시름없는 곳 데려주랴

나의 상념을 흔드는 그리움이 너였더냐
세상 찌든 나의 영혼, 낙수로 씻어내고
소식 없이 왔다가 소리 없이 가버린다

가끔은 주름진 볼을 쓰다듬는
연인의 손길 같은 너를 의식하며
아른거리는 햇살에 조금은 쉬고 싶다

그리고 봄의 환희에 노래하는
이파리의 속삭임에 머물면서
네가 나를 불러 줄 때 기꺼이 대답하리다

머물러 달라고……

가슴의 나무

염규식

한 그루의 나무를 키우고 싶다
나만의 세계, 나의 삶 속에 자라는 너

내면의 턱없이 부족한 나의 소양이
너를 피폐하게 하여도

나에게 뿌리내린 너는 행복하단나
너의 토양은 나의 열정이고 너를 사랑함이니

내 나무는 나의 영혼과 만남으로 시작해서
고운 싹을 틔운다

너를 만남에서 배우고, 너를 키우면서 깨닫는다
떨림 속에 행복을 꿈꾸고, 기쁨을 찾는다

내 영혼 깊이 뿌리내려 잎사귀 무성하여
고운 열매 맺을, 그 날을 기다리며…

외로운 섬

염규식

종일 멍하니 스치는 바람 소리
나의 가슴을 흔드는 바람

어디서 다가올 줄 모르는 고요 속에
심장을 두드리는 속삭임

나의 가슴에 뜨거운 박동에 따라
조용히 멈추며 내려앉은 바람

너를 그리며 가슴 한쪽 비울 때
그리고 너는 나의 무게를 더한다.

가슴에 자리 잡은 너
보낼 수도 마음대로 잡을 수가 없다

제 갈 길을 찾지 못해 허공 속에 맴돌다
내 가슴에 내려앉은 그리움의 무게

외로운 섬에 자리 잡은 바람
천 년이 흘러도 떠날 것 같지 않은 너의 존재
보내려 해도 떠날 줄 모르는 바람
너를 포옹할 내 가슴은 작기만 하니…

레미제라블을 보면서

염규식

레미제라블은 프랑스의 작가 빅토르 위고가 지은 장편 소설인데, 주인공 장발장의 불우한 일생을 중심으로, 사회의 박해 속에 인생을 저주하던 한 영혼이 신부님의 사랑으로 구제되는 과정을 묘사하였다. 빵 한 조각을 굶주린 조카에게 먹이려다 도둑으로 잡혀 19년을 노예처럼 죄수로 보낸 장발장의 삶을 그린 뮤지컬 영화이다

어릴 때 아련한 기억으론 20년을 죄수로 살다 도망하다가 성당에서 은촛대를 훔치다 잡혀서 온 장발장을 구제하기 위해 신부님이 경찰에게 훔친 것이 아니라고 하여 방면받게 해준 기억만 어렴풋이 남아 있다. 전체 줄거리 및 소설이 주제는 말할 것도 없고 결과도 몰랐는데 하도 좋은 영화이니 보라고 주위에서 권유했으나 기회를 잃어버리고 수 일전 VOD를 통해 보는 기회를 가졌다.

기본 줄거리는 빵 한 조각을 굶주린 조카에게 먹이려다 도둑으로 잡혀 19년을 노예처럼 죄수로 보낸 장발장은, 19년의 형기를 마치고 가석방된 장발장은 사회의 냉대 속에 도망 다니다가 어느 성당에서 하룻밤 유숙하면서 은촛대와 성당의 집기를 훔쳐 달아난다. 경찰에 잡혀 다시 성당에 끌려온 후 신부님의 사랑으로 구제받은 후 사랑을 알게 되고 그의 생각은 사회에 대한 편견과 원망을 버리고 변화한다. 가석방 후 종적을 감춘 뒤 장발장은 8년 만에 작은 도시의 시장으로 변하여 복지사업을 하고 있다, 장발장을 쫓는 자베르 경감도 알아볼 수 없이 변화된 장발장

의 공장에서 사건의 본론 전개가 시작된다.

그 공장에서 일하는 여주인공 판틴은 남편에게 버림받고 어린 딸을 양육하고 있다. 여직원들의 시기로 직장을 잃고 거리의 여인으로 변한다. 삶에 지쳐 죽어가는 판틴을 구한 장발장은 판틴의 임종을 지키며 그녀의 딸을 거두기로 한다, 장발장을 의심한 자베르 경감의 추적 속에 여생을 판틴의 딸 코젯트를 사랑으로 키우며 생을 마감하는 내용이다.

장발장이 8년의 세월 속에 작은 도시의 시장으로 공장의 사장으로 변하기까지의 고초에 대한 삶의 감동보다 자신은 시장으로 변해있고 자기를 닮았다는 다른 죄수가 대신 옥살이해야 하는 상황에서 지금까지 쌓아 올린 명예와 부를 다 버리고 다시 죄수의 생활로 돌아가야 하는가. 아니면 눈감고 모른 척 외면하면서 복지사업을 할 것인가에 갈등한 장발장은 그는 옛날을 생각하며 신부님이 자신을 용서하며, 사랑을 일깨워준 그리스도의 사랑을 생각하면서 드디어 결심하고 법정에서 양심고백을 하는 장발장, 나는 이 장면에서 가슴 밑바닥 깊은 곳에서 무엇인가 차오르는 느낌으로 고통스러웠다. 이 세상에 어느 누가 죄에서 자유로울 수가 있겠느냐마는 세상의 증오로부터 사랑으로 돌아선 장발장의 모습에서, 나는 내 자신의 너무나 초라함을 느꼈다. 그리고 탈출하고 싶었다, 나의 부족과 허물과 죄에 대한 인식이 나를 괴롭힘에서 탈출하고 싶었다, 그리고 결국 TV를 더 이상 볼 수가 없는 내 자신이 되고 말았다.

레미제라블은 동화나 소설 영화 뮤지컬 등으로 극화 되었는데 내가 본 내용의 영화가 아카데미상 후보의 작품이라서, 그리고 배우의 연기력도 더욱 아니고 장발장의 삶의 고뇌 속의 갈등과 양심선언의 용기에 나는 더 이상 그 영화를 볼 수 없어 TV를 꺼야만 했다. 장발장의 양심고백 앞에 나의 부족과 허물이 나의 가슴속에 살아났고. 부끄러웠고 더 이상 지켜볼 수 없는 내 자신의 허물이 TV를 끄게 한 것이다.

그러나 결국 1주일 동안 내 마음 밑바닥의 괴롭힘 속에서 결국 다시 보고야 말았다. 거금 4,000원 손해를 보고 1주일 이후에 다시 4,000원을 재투자하여 보게 된 것이다. 내 가슴속의 영혼의 밑바닥에서 올라오는 양심의 고통이었다. 이러한 나의 심적 고통은 장발장의 양심고백이 내 영혼을 송두리째 뒤흔들어 놓았다는데 문제가 있었다. 다만 글을 쓰고 작품을 통해 진심을 그려내야 할 문인으로서의 기본을 갖추어야 한다는 것에는 변함이 없다. 우리 인생의 모든 삶 속에 부족과 허물과 죄악을 나 자신은 어떻게 합리화하여 온 것인가? 에 대한 자신을 돌아보는 고통스럽지만 귀한 시간이었다.

수많은 사람이 자신의 자리를 지키려고 타인을 모함하고 청탁과 부정으로 삶을 영위하는 모든 사람에게 장발장의 양심고백은 얼마나 큰 도전 이었을까?

장발장 적어도 나에게는 한편의 뮤지컬 영화가 아니었다. 너무나 큰 양심의 도전이었다.

아픔 속에 꿈을 접다

염규식

얼마 전에 신문지상에서 생활고를 비관하다가 일가족 동반자살의 내용을 보고 우리 민초들의 삶의 한 단편을 보는 것 같아 너무 가슴 아팠다. 지금보다 더 어려운 시대인 60~70년대에도 이렇게 자살률이 높지가 않았는데 예전보다 훨씬 삶의 질적 향상을 이루고 경제로만 해도 세계 10대 경제권에 유엔 이사국, 그리고 유엔 사무총장까지 월드컵, 올림픽의 동계 하계 개최국 등 나날이 높아져 가는 국격의 이면에는 우리 사회의 다른 한쪽은 병들고 신음하며 아파하고 있다.

왜 우리의 사회 다른 한쪽은 이렇게 아프고 힘들어하며 노동의 정당한 대가를 받지 못하고 귀한 생명을 저버리는지 여러 가지 사유는 많겠지만, 한국의 중요한 사회문제임은 틀림이 없다. 근본적인 문제를 논하려면 고도성장의 이면에 산업화 정책에서 소외된 소득의 양극화와 사회 구조적인 측면을 말하기 전에 가난으로 인해 자녀를 출생해서 내다 버리고 생명을 버리는 상황이 안타까울 뿐이다.

1970년대에 내가 고등학교 야간 재학 중 그토록 원하던 대학에 가고 싶어 내가 번 돈으로 생활비를 보태며 서민들이 즐겨 저축하던 계를 2개 들었다. 14개월 동안의 착실히 부은 돈으로 등록금을 준비하고 새벽에 신문 배달 낮엔 목공소를 다니고 저녁에 야간 고교를 다니면서 꿈에 부풀었건만 마지막까지 부은 돈을 계주가 몽땅 갖고 도망을 갔다. 아버지 없이 젊은 나이에 홀로되어 자식의 성공만을 기도하는 엄마의 마음을 생각하며 눈물로 대하 합격증은 엄마 몰래 불사르며…. 엄마에게는 "엄마 나 대학 떨어졌어, 나 대학 안 갈래, 대학하곤 나는 인연이 아닌가 봐" 하며 남몰래 혼자 몇 날 몇일을 한없이 울었던 기억이 새롭다.

그런 어려운 상황에도 오늘까지 건강하게 대학 졸업하고 사업하며 버티어 온 것은 젊음과 미래에 대한 소망이 있기 때문이다. 굳이 자살의 동기가 민생고만으로 자살률이 높아지는 것만은 아니지만, 민생고로 인해 자살률이 높아지고 사회문제가 되는 가장 큰 이유는 미래가 없는, 꿈이 없는 사회를 만든 사회구조에 잘못이 있는 게 아닌지 생각해 본다.

우리 인간의 삶이 특히 우리 민족은 세계 어느 민족보다 고난에 대한 저응력이 최고라고 말하고 싶다. 수많은 외세의 침략과 침탈의 엄청난 고통에도 굴복하지 않고 면면히 이어온 민족이 아닌가. 특히나 자녀와 동반 자살은 상상도 할 수가 없는데 현실사회는 그렇지 못하다. 우리 사회는 한국만이 가진 장점의 문화를 구태적인 것으로 취급하고 잘못되고 변질된 서구식 민주주의 문화를 무작정 아무런 검토도 없이 받아들인 우리의 잘못도 크다.

사회질서와 예의와 배려 자율이라는 문화의 기반이 없는 사회는 민주주의는 고사하고 방종과 타락의 사회로 전락할 뿐이건만, 우리 사회는 이제 21세기 변화된 민주주의 사회문화 속에서 어떻게 해야 가정교육을 살리고 이의 해결을 통해 노인계층도 살리고 자라나는 자녀세대에게 올바른 전인교육을 시키면서 젊은 부모도 교육비 부담을 줄일 수 있는지 심각하게 고민할 때가 아닌가 싶다. 이를 통해 사회 전체적인 전인교육 등의 문제도 아울러 해결할 접점을 살릴 수 있고 근원적으로 이 문제가 풀려야 독점경제 학벌사회 사회문화 양극화 초고령사회 인구감소와 함께 우리 사회의 아픈 단면의 문제점의 해결점을 찾을 수 있으련만 안타까울 뿐이다.

우리나라는 급격한 산업화를 겪으며, 준비되지 않은 상태에서 자본주의의 기본이 되는 개인주의를 기존의 공동체 안에 품게 되었으며, 철저하게 힘과 자본의 논리에서 유지 발전되는 선진자본주의 안에서 구성원들은 자신의 가치를 부의 창출을 통해 높이려는 움직임을 보였고, 그들의 의식 속에는 돈이 곧 힘이며, 힘이 곧 정의라는 물질주의적 사고가 자리 잡게 되었다.

개인주의가 자본주의 사회 속에서 한 국가가 발전하는 과정에서 불가피하게 나타나는 현상이라고 하지만, 빈자와 약자의 배려가 없는 게 아쉽다, 개인의 부와 소유의 확대 그리고 그것을 과시하는 성향의 물질주의 또한 피해갈 수 없는 사회현상일지도 모른다. 하지만 우리 민초들의 삶도 힘들어 그들이 아픔 속에 사라져 가는 애환을 그냥 뉴스거리로 보내야만 하는 실정도 가슴 아픈 노릇이다.

내가 배움의 꿈을 접고 가정 생계에 매달리며 아픔을 겪을 땐 지금처럼 다들 고생하여도 일부 특권층을 제외하곤 다들 지금처럼 빈부의 격차가 심하지 않았다. 그들의 아픔의 상처를 싸매어주고 미래의 소망을 심어주어야 귀한 청소년들의 생명을 지키고 미래의 꿈을 접지 않게 했으면 한다.

우리 인간들의 삶에서 소망이 없다면 산목숨이 아니다. 지금의 우리는 그때와는 다르다. 당시는 배고파서 도둑질했다면 법원에서도 선처를 해주는 시대였지만, 지금은 우리가 아무리 가진 것 없다고 해도, 무엇인가라도 가진 것이 있다. 적은 것에 감사하며, 힘들어도 작은 희망의 불씨를 가지고 살아갈 수 있다면 좋을 텐데, 극단적인 선택을 하는 그분들의 마음을 어찌 모두를 이해하겠느냐마는 나날이 우울증으로 정신과를 찾는 국민이 늘어남은 무엇을 의미하는 것인지 다시금 생각해 볼 일이다.

이성엽 시인

- 경남 양산시 거주
- 대한문학세계 시 등단
- (사)창작문학예술인협의회 정회원
- 대한문인협회 부산경남지회 회원
- 현)양산스키협회 부회장
- 현)스키타는고양이 대표
- skicat@naver.com

시인(詩人)은 무엇으로 사는가?

이성엽

시(詩)는 무엇인가?
바람이 불면 부는 대로
존재 이유를 쫓아 떠나는 끝없는 여정
속박에 걸리지 않는 초월의 자유

삼라만상 작은 소리일지라도
그것은 영혼의 울림
심장으로 차고
설렘으로 전해지는 한 줌의 떨림

억겁의 세월
침묵으로 앉은 암울한 바위 속에 들이
온 밤 뒤척이며 짜내는
신이 허락한 만큼의 뜨거운 눈물이었다
.
.
.
시인(詩人)은 무엇으로 사는가?
시간이 흘리고 간 이야기
계절 속으로 묻힌 이야기
세상 속에 떠도는 이야기
사람이 버리고 간 이야기를 품어

오늘도 넌,
신이 허락한 만큼의 눈물로 산다

가을 편지

이성엽

연푸름 속에 피어 있는
주홍빛 촛불
바람에 흔들거리는 위험한 자태는
나를 닮았고
자신을 태워 밝음을 주는 사랑은
그대를 닮았고

감동이라는 흔한 말보다
고맙다는 한마디 인사보다
흔들릴지라도
결코 꺼지지 않는 나이기를
기도합니다

가을로 점점 물들어가고
이제 곧 낙엽으로 산화될 추억들
그러나 나는 외롭지 않을 것 같습니다
내 마음엔 당신이 곱게 그리신
마지막 잎새가 있으니까요

가까이 있어도
늘 그리운 그대입니다

사랑해, 라고
부끄럽게 말하지 못하여도
앞서 나는
사랑을 노래하고 있습니다

계절만이 가을을 물들이는 것은 아닙니다
내 마음도 그대에게 물들어
오색 창연한 가을입니다

이렇게 차오르는 마음에
눈물지으며 보내는 나는
당신에게 향하는 가을편지입니다

가을 앓이

이성엽

나뭇잎 따라 떨어지는
그리움 한 자락
그리고 또 눈물 한 움큼

구석진 자리 웅크리고
토해내는 회한의 밤
낯익은 정표는 귀퉁이에 뒹굴고
영원 하자던 언약은
모퉁이 거미줄에 아직도 걸려 있는데

살아 있는 인정이야 어쩌랴 마는,

남아 있는 잿빛 추억
혼자 남은 허공에 뿌려
쓰디쓴 기억마저 삼켜버린다

서러운 그리움은 녹아내려
새벽이슬이 되고
밤새 흐느낌은 강물이 되어
귓전에 울려오는데

아직도 못다 한 사랑에 가을을 앓는가

어서 가야지
이젠 대문 앞 추억을 닫아야지
은혜로운 여명이 밝아오기 전에
삼킨 기억,
다시 가슴에 채워지기 전에

열닷새 만월

이성엽

차오르는 것은
만월만이 아닙니다
가슴 속 깊은 곳에서 샘솟는
당신을 향한 그리움

떠오르는 것은
얼굴만이 아닙니다
속울음 삼키며 시커먼 가슴
쓸어내리던 두툼한 손마디

흘러가는 것은
인생만이 아닙니다
더 이상 줄 것이 없어
걱정만으로 지새우는 마음

남아 있는 것은
백발만이 아닙니다
몽땅한 키와 굽은 허리
깊게 파인 주름
그리고 허무의 눈빛

애타게도 보고 싶은
당신의 이름은
어머니
나의 어머니

알고 있습니다
당신의 눈망울에는 언제나
제가 꿈꾸고 있다는 것을

아시나요, 어머니
저의 밤 기도 속에는 늘
당신이 함께하고 있다는 것을요

목련

이성엽

언제 기다렸던가,
문득 돌아보면
가난한 마음의 부족한 사랑
겨울 떠돌던 영혼의 빈 그림자

언제 그리움이었던가,
문득 생각하면
하얀 미소 자애의 눈빛
너는 열병의 뜨거운 입맞춤

언제 외로움이라 했던가,
문득 바라보면
눈부시게 찬란한 너는 한 송이 목련
전율의 뜨거운 몸짓

한없이 너그럽고 깊은 사랑
회색빛 우울을 벗어던지고
너는 한 송이 꽃이 되어
내게로 피어오른다

겨울을 꿈꾸며

이성엽

첫눈이 오는 날
눈발 날리는 거리를 헤치며
그대에게 달려가는
나를 꿈꾼다

길가에 눈 쌓인 어느 날
내 손에 이끌려 손 썰매를 타며
행복한 웃음 보여줄
그대를 꿈꾼다

음악이 흐르는 근사한 카페
사랑이 머무는 촛불 사이로
작은 소망들을 이야기하는
우리를 꿈꾼다

또다시 1년이 지나가 버려도
나는 겨울을 꿈꾼다
아직도 내게 남은
행복한 겨울을 꿈꾼다

당신을 기다립니다

이성엽

한풍 머무는 곳
어느 골짜기
겨울 향기 아릿하게 불어오는 날
바람처럼 오실 당신을 기다립니다

낯선 시간
이름 모를 모퉁이 돌아
소담스런 눈꽃 되어
첫눈으로 오실 당신을 기다립니다

갈잎이 머문 자리
동토 되어 얼어붙었어도
부서지는 아픔 맨발로 걸으며
당신의 소리에 귀 기울입니다

모든 것이 지고 떨어지는
숙명의 계절
두 팔 벌려 오라 하는
꿋꿋한 청송의 겨울 노래

실팍한 인연의 줄을 놓아
당신을 기다립니다
은빛 세상 눈부시게 빛날
당신의 환한 미소를 기다립니다

장맛비

이성엽

하늘이 구멍 난 듯
빗줄기 내려
그대 그리움은
사색의 강을 건너고

빗 사이로 보이는
추억의 기억들은
빗물이 되어
서글픈 마음 흠뻑 적시네

아직도 남아있는
뜨거운 정열과 사랑을
한여름 장맛비로
열기 식히고

빈 마음,
빈 창가에 앉아
외롭지 않을 만큼만
고독해지리라

그리움은 별이 되었네

이성엽

아름다웠던 시간은
저 멀리 사라져 가고

긴 꼬리를 문 섧은 여운만
잔잔한 가슴에
파문으로 남아 있는 밤

바람은 멀리 있고
기억은 뚜렷하니
가슴에 핀 열꽃은
기다림의 등불이 되었고

사무친 그리움은 별이 되었네

다시 만나리라 언약 남기고
서쪽 하늘로
총총히 사라져 간 사람

오늘도 어제처럼
새벽하늘 반짝이는 당신

비 오는 날의 팡세

이성엽

밤새 눈물 흘러내렸다
어느새 울고 있는 것은
내가 아니라 비가 울고 있었다

가슴에 차오르는 한마디 말
하지 못한 채 비는 더욱 슬피 울며
노랗게 쏟아져 내렸다

우렛소리가 들렸다
커다랗게 들리던 것은 천둥소리가 아니라
아우성치는 아픔 소리였다

빗물이 나인 줄도 모르고
우레가 내 울음인 줄 모른 채
멀어져 가는 어깨 위로
눈물 내리던 사람아

지금도
가을비 속 어딘가 떠돌고 있을
내 슬픈 사람아

한 사람을 사랑했습니다

이성엽

그 사람 머물던 빈 뜰에는
산새들 발길 끊긴 지 오래고
처마에 매어 둔 달 저문 지 오래고
고독을 토해내는 풀벌레 소리만이
공허한 어둠 속을 파고드는데

오늘을 견디고 살았노라
낮게 엎드린 머릿속에
아른거리며 떠오르는 얼굴

서산에 걸쳐 아프게 스러져가는
별 하나,
추억하나에
눈물 없는 눈물이 흐르는 것은

보고 싶어 우는 것이 아닙니다
외로워서 우는 것도 아닙니다
그리워서 우는 것이 아니라

더 사랑하지 못한 회한에 울고
더 주지 못한 모자람에 울고
쉬이 여명이 들어
더 울지 못하는 아쉬운 까닭에
또 우는 것입니다

별이 뜨고 동이 트는 순간까지
저미도록 한 사람을 미워했습니다

파도

이성엽

밤새 토해내는 하얀 종말은
목 놓아 부르는 너의 노래
흐르는 너울에 실려 떠다니는 소리는
살다 지쳐 부르는 나의 노래

쉴 곳 없어 부딪혀가는 하얀 거품은
감추었던 어제의 침묵이 아니라
오늘 살아온 숨 가쁜 현실이었으리라

파도여, 애써 흐르다
운명처럼 부서지는 너를 가슴에 담고
쓸쓸한 절규 사라질 수밖에 없는
오늘을 사랑하련다

슬픈 파도여
어디 외로움은 너뿐이랴
부서지는 것도 너뿐이랴
너는 몸으로,
나는 가슴으로 부서져 내린다

사랑하지 않게 하소서

이성엽

다시 사랑하지 않게 하소서
지난 그리움에 오늘 방황하지 않게 하시고
타버린 마음 부서지지지 않게 하시고
꺼지지 않는 욕망에 단비를 내려주시고
불면의 노예로 살아가지 않게 하시고
온전히 평화롭게 살아가게 하소서

또 다른 인연을 주시려거든
천천히 할 일 다 하고 오게 하시고
불같이 뜨겁게 달궈진 사랑보다는
소박하게 피어 있는 들꽃 같은 사람을
작별에 날이 오면 잘 살았노라 웃을 수 있는
잔잔한 물결 같은 인연을 내려주소서

이애숙 시인

- 부산시 남구 거주
- 대한문학세계 시 등단
- (사)창작문학예술인협의회 정회원
- 대한문인협회 부산경남지회 회원
- top8020@naver.com

무궁화

이애숙

우아하고
멋들어진
꽃도 아니면서

흔하게
볼 수 있는 것도
아닌 꽃이

간밤에 무서리가
저리도 내렸건만

이 아침에
탐스럽게도 피어 있구나

빛과 어두움

이애숙

하나님이
낮으로 빛을
밤으로 어두움을 나누셨네

이 땅에 사는
사람들 모두가 빛 가운데
살기를 원하셨건만

빛이 어두움에 비춰되
어두움이 깨닫지 못하여서

어두움 속에서
나오기를
거부한 우리들

그분의 마음을
크게 아프게 했네

이제 다시
빛과 어두움을
가르시리니

'빛이 어두움에 비취되
어두움이 깨닫지 못하더라'

이 말씀 새기고 또 새기어
빛의 자식들 되기 원하신다네

감사한 당신에게

이애숙

요즘의 일상이
감사하고 행복한 것이
당신 덕분임을 나는 압니다

나는 이제껏 당신에게
준 것이 없지마는
언젠가는 당신이

이제야 알겠네요
당신을 보니
행복이 무엇인지를
알 것 같아요'

만약에 그런 날이
당신이 진정 행복을
발견하는 날이
나로 인하여 오게 될 때

나는 당신에게
주는 것이 있는 사람이
될 것입니다

이쯤에서 나는
당신께 침묵하렵니다

그리고 그 언젠가
당신이 나를 진심으로
사랑하게 되었을 때
나는 이렇게 말할 것입니다

내가 예수님의
십자가 사랑 앞에서
당신을 위해 울고 있다가

이제는 천국 문 앞에서
함께 가려고 기다리고 있노라고…

별은 빛나건만

이애숙

늦은 밤 창가에서 나 홀로
별 하나, 별 둘, 별 셋 하다 보면
어느새 나는 없다
까만 하늘에 별들만 반짝인다

내 머리 위에 어깨 위에
살포시 내려 앉는 별
별과 나는 하나가 되고
나는 별 시인이 된다

또 세어 본다
별 넷, 별 다섯, 별 여섯…
무수히 많은 별들 속에
영롱한 빛 하나

저 별은 외로운 내 별 일까
다정한 니 별인가
저 별은 내 맘 알까
한없이 외로운 밤

아! 별은 저토록 빛나건만
아직도 난 외로워
다시 별 하나, 별 둘, 별 셋…
잠 못 들고 밤이 새도록 별을 센다

인연

이애숙

새벽 운동을 하며 뛰어오다가
날 것이 하나 내 품에 들어왔다
나비도 아닌 나방이 어찌 이 꽃에

샤워를 하려고 욕실에 들어와
옷을 벗으니 그놈이 바닥에 누워
가만히 앉아 나를 올려 본다

살며시 손가락 위에 올려
베란다로 이동하여 저 멀리
푸른 창공으로 날려 보냈는데

다음 날, 아파트 뒤 계단을
헉헉대며 올라오다가 그만
그놈 엉큼한 또다시 만났다

바닥에서 조용히 움직이는 놈을
반가운 마음에 스마트폰으로
'찰칵' 찍어 담아 놓았다

나비도 아닌 불나방 이놈이
나하고 무슨 인연인지 모르겠다
내가 꽃인지 거울을 본다

아내가 필요해

이애숙

아내는 내가 먹는 밥을 맛있게도 차려주지만
그래서 꼭 아내가 필요한 것은 아니다
청소나 빨래 그런 것 때문에
아내가 반드시 있어줘야 하는 것도 아니며

저쪽 방에서 시 나부랭이를 쓴답시고
밤늦도록 컴퓨터 앞에서 낑낑대는 아내를
내가 '콜~'하고 부르면 '아직 안 잤나?'하고
눈 흘기며 안방으로 건너오는 아내가

그래서 필요한 것도 아닌 것은
밥하고 청소하고 빨래하는 것쯤 나도
얼마든지 할 수가 있고 또 그거 해결하자고
아내가 꼭 있어야 하는 것은 더더욱 아닌 것

나는 아내가 곁에 없다는 상상을 해보았다
만약 퇴근하고 돌아와 아무도 없는 빈집에서
나 혼자 밥 먹고 혼자 TV를 보고 혼자서 살아간다면
얼마나 심심하고 외로울까 하는 아찔한 순간

내 코앞에서 잔소리하는 아내의 빨간 입술이
오늘따라 예뻐 보이는 그때 나는 퍼뜩 깨달았다
나에게 아내가 필요한 정말이지 진짜 이유는
내가 아내를 엄청나게 사랑하기 때문이라는 것을…

이옥림 시인

- 경남 창원시 진해구 거주
- 해군 준사관 진역
- 대한문학세계 시 등단
- (사)창작문학예술인협의회 정회원
- 대한문인협회 부산경남지회 회원
- okrim17@naver.com

무명초(無名草)

이옥림

속절없는 녹초에
맺힌 것이 이슬인가 눈물인가
누가 널 고깝게
잡초 속에 가두어 두었나
누가 널 이름도 성도 없이
들녘에 숨겨 두었나

저 드높은 하늘에 나는 새들도
이름을 불러가며
날고 먹이 찾아 오가지 않는가
흐르는 달빛도 별빛도
널 부르지 못하고 몰래 지나가네

가련한 널 보고 있노라면
깊은 사연 서리고
애끓고 애처로워
젖은 가슴 또 적시네
그래도 넌 웃으며 미소 짓고
지내다 가느냐

고목(古木)

이옥림

몸매는 빼어나고
잎사귀는 아름답다
살아온 세월도 길었지만
살아갈 날도 상당하지 않겠는가

버티어온 세월이
배 년인가 수백 년인가
얽히고설킨 사연
마디마디 서려 있네

쭈글쭈글한 다리 들어내고
호수 언덕 위에 뻗은 지조
오가는 이 걸음걸음
잡고 또 잡는구려

좁은 틈새 비집고 밀어내는
뿌리마다 역겨운데
넌 다리마저 뻗을 자리
비워 놓지 않았거늘
갈대 무성한 호수만이
널 자리 내어주며 비켜준다

호롱불 사랑

이옥림

짙은 물안개는 몰래 지나가는
그리움을 밉살스럽게 뒤덮는다
사랑하는 것도 죄인가요
미워하는 것도 사랑인가요

천 겹 험한 산에 가로막혀도
스며드는 샘물처럼
맑은 사랑하고 싶은데

돌아오지 못할 강을
건너지도 넘어가지도 않았거늘
왜 사랑에 연정마저
눈물겹고 갈쌍스럽게
차곡차곡 쌓여만 가는지

그리워만 하기엔
사랑이 너무 비겁지 않는가
우린 너무 쉽게 사랑하고
아주 쉽게 그리워만 하고 있다

깜빡이는 호롱불 같은
사랑을 꺼지지 않도록
오늘도 꼼지락 꼼지락
만지며 살피고 있다

코스모스

이옥림

언덕길 가는 길 아득히 잊은 듯
그늘이 쉬던 자리 코스모스 피었네
소슬바람은 잠들어
온 들판은 적막한데

그 어느 누가 찾아들지 않는
꿈도 서글픈 산골 처녀처럼
누군가에 응석도 부리고 싶은
뱅글스런 코스모스

들판 풀잎에 무의적으로
눈길로 소곤소곤 대화를 나누며
쑥스러운 미소만 짓는구나
마치 그 자리에 못 박힌 듯
꼼짝도 못 하고 얕은 잠이 들어
꾸벅꾸벅 졸다가

잠이 갠 가을바람 결에
실없이 히쭉히쭉 웃음만 짓더니
누군가에 마음을 훔쳐
한들한들 춤을 추고 있다

깊은 밤 애창

이옥림

막다른 골목길 가로등은
불을 끄고 밤에도 잠을 자고 있다
아마도 눈이 아픈가 보다

골목길 스치는 바람만이
바람 손으로 어깨를 만져주며
자지 말고 눈을 뜨라고 졸라 댄다
바람은 어두워 담벼락에 부티치고
풀잎은 가슴을 더듬자
간지러워 움찔 움찔대는 풀잎들

오늘 밤엔 이상하게도 떠도는
고양이 하나 울음소리 들리지 않는다
사랑에 굶주린 귀뚜라미 가냘픈 울음소리
귓가에 서글피 들린다
가을 전령자 애창곡에
바람도 묻지도 따지지도 않고
고개를 돌린다
사람은 쉬이 잠 못 드네

단풍 추흥(秋興)

이옥림

저 하늘은 높고
파랗고 깊다
초목은 점점 노랗게
빨갛게 불타고

가을 내음은
살금살금 간질여대며
추억까지 훔쳐와
알록달록하게
풍취를 그려내고 있다

우린 만산홍엽 속에
마음도 가슴도
붉게 타오른다
추흥의 흔적이
감미롭게 온몸을
휘감아 온다

추억의 꿈

이옥림

먼바다 건너 희미한 등불이
아득하게 깜박이는 숨은 뜻은
내 마음에 그리움이요
빗소리 바람 소리는
외로움이 가득한 소리이거늘

길 언덕 서낭당 나무 위에
새가 집을 짓듯이
차곡차곡 추억에 집을 지었네
세월은 그리움만 남기고
도도히 흐르는 강물처럼
누가 빨리 가라고 했나
누가 쉬었다 가라고 했나
쉬임없이 추억을 그려내고 있네

감긴 눈 속에서도
뜬 눈 속에서도
행복한 추억이 끊겼다 이어지며
내 마음에 걸어 들어 오네요
난 하늘을 보고 구름 손으로
추억을 그리며
바보처럼 웃으리

향촌 풍경

이옥림

배를 불린 가을바람은
계절도 용서하지 않고 몰고 간다
겨울이 조금씩 자라나고 있다

모락모락 피어나는 굴뚝 연기
고즈넉한 향촌 풍취
산천초목은 예뻐지고
졸망졸망한 시골 길은 그대로인데
변해도 한창 변했구려

마지막 홍시 하나 남겨두지 않았다고
감나무는 슬퍼하고
새들은 걸 덕 되다 날아간다
온 들판은 조용히 몸을 낮추고
외롭고 고독함을 가두어 버린다

인정만은 따스하게 남았는지
어여쁜 잠을 안은 아이 꿈길처럼
포근함이 송골송골 맺혀진다

고추밭에는

이옥림

잠을 자지 않는 들녘의 풀잎
바람 손이 여린 등을 만져 준다
아버지는 힘에 겨운 걸음걸음
등에는 약통이요 냄새는 코를 깨물고
손에는 자루 없는 호미를 들고 들어서니

웃자란 잡초만이
지나가는 바람에 기웃거릴 뿐
고추나무 무언가 말을 걸어온다
내 다리 허리 동혀 메고 발마저 부직포 덮어
꼼짝도 못 한다고 투덜거린다

해방꾼 잡초와 거친 바람 이겨 내라고
기둥 세워 지붕 없는 집을 지어 건을
무엇이 그리도 답답한지 살짝 훑어보니
탐스럽게 애지중지 자식처럼 키워 왔던
붉은 고추 밭고랑에
떨어져 훌쩍거리고 있었구나

벌레가 할퀴고 간
상처투성이 자식들을 바라보며
질퍽질퍽한 흙더미에 서서
발을 동동 구르며 끙끙 앓았나 보다
주렁주렁 열매 매달아
팔다리는 무겁다고 애달픈 소리가
귓가에 맴 돌며 자꾸만 들린다
아버지는 해가 잠들 때까지
소탕작업을 하려나 보다

가을비 적시면

이옥림

늘솔길 걸음걸음
하느작 하느작 여유롭게 걷는 하루
가을 형향(馨香) 은은하게 스며들고
곡풍은 비구름 몰고 드니
나뭇잎 한들한들 나부끼며 떨어져
부스럭부스럭 소리 낼 때

꿈도 애달픈 산울림도
잠 못 들고 서성거린다
새들도 허공에 빗방울 잡아
덥석덥석 물어댄다
가을비는 추억을 만들며
톡톡 내리고 있다

정미영 시인

- 경남 진주시 거주
- 대한문학세계 시 등단
- (사)창작문학예술인협의회 정회원
- 대한문인협회 부산경남지회 회원
- winterwind33@daum.net

월가(月歌) – 달의 노래

정미영

수천수만 년 전부터
달을 향해 합장한 기도가
저 달 속에 켜켜이 쌓여
등 밝히고 있을까?

수많은 슬픔과 말 못할 사연
거무스레한 멍이 되고,
달빛 한 조각조각이 기도이고
염원이라면 내 원도 쌓였을까?
달빛 부스러기 비처럼 내리더니
뭇사람들의 가슴팍으로 들어간다

달의 전설을 안고 사는 가슴들이
그믐달 보름달로 기울었다 차오르면,
몽글어 여울지는 달꽃으로 피어나고
세상살이 아픔도 그냥 달에 맡겨라
늘 떠돌아도 피고 지는 우주에 맡기리라

누구나 외로운 계절에는
글썽이지도 흐느끼지도 마라
달빛 안은 퍼런 멍든 가슴들,
서걱서걱 부서질 만큼 서러워도
고즈넉한 가을밤 그믐달 차오르듯
환하게 들려오는 월광곡이 여명을 깨운다

살사리꽃의 비밀

정미영

따끔거리며 내리쬐는 가을 햇살에
하늘하늘 춤사위 바람이 들어와 눕고
잉잉대는 꿀벌 한 마리 빙빙 돌다가
코스모스 심장에 풍덩 빠져 애무하는
가을 들녘 꽃밭 마지막 무도회장
난생처음 가을을 맞은 나비가
산란하러 앉았다가 뱅실뱅실 웃는다
터질 듯 부풀어 오른 가슴,
두근거림에 젖어든 홑이불 날개
가만히 품어온 연정이 철모르게 터졌다

바람이 열어 주는 숲 따라 나선 길
따사로운 양지녘에 사뿐히 보금자리 튼다
검은 부엽토 속에서 겨울의 하얀 눈물 받아먹고,
아롱아롱 아지랑이 봄햇살에 목욕하고,
작열하는 여름볕에 초록 실핏줄 이파리 고스란히 담아
송이송이 망울 터지는 가을의 영근 기쁨이여
짙푸른 하늘속 흩날리는 살사리꽃 형형색색 아우성

소소한 행복

정미영

소낙비 그친 밤,
바람 한줄기 지나가는 강둑에 섰다
젖은 수양버들이 너풀너풀 춤추며 일어나고
서러움에 흐느끼던 나무들이
어느새 울음을 뚝 그쳤다

달을 품으러 나온 달맞이꽃
이리저리 구름 사이 두리번거리다
함초롬 이슬 머금어 밤을 지새우면
강물은 물안개처럼 피어오르는
어둠을 말없이 끌어안고 흘러간다

소낙비에 흙먼지 헹구고
파릇이 일어서는 풍경처럼
아픔도 이슬로 촉촉이 맺히고
소소한 행복 담그는 살림살이도
민들레처럼 노란 홀씨로 여물겠지

월가(月歌)2 - 새벽달

정미영

어둠을 업고
가만히 하늘을 읊조린다
별들의 속삭임 외면한 채
칠흑 같은 인간 세상 비추기 바빠라

내 몸을 다 태워 번져간 빛
구름을 연붉게 적시는 날빛
동쪽에서 밀려오는 밝음에
스스로 빛을 내어주고

달무리 번지는 새벽이 웃으며
감나무 가지마다 밤새 피웠던 달 꽃
휘영청 꽃으로 떨어지는 늦가을 밤
겨울로 달아나는 찬서리에 몸을 실었다

오늘밤 기약하고 잠시 이별해야지
사라질 달꽃도 다시 피워야지
낮의 이별이 서러워
시리도록 푸른 낮달의
그림자로 숨었다

머리를 빗으며

정미영

문득, 오늘 아침 욕망이란 녀석이
내게 꿈틀거리며 말을 걸어온다
머리를 빡빡 밀어버리는 건 어때?
출가한 비구니 스님도 아닌데 감히
암 선고를 받아 하루하루 밀어내야 할
시한부 인생도 아닌데 어찌 그리
복에 겨운 소릴 한다 싶겠지

그러나 머리카락 한 올 한 올이
전생의 억겁만큼 성글어 서리꽃 피면
흑 빛깔 옻칠 달거리를 해야 한다
바랜 알몸에 검은 옷 입히는 지루한 반복
몇 겹의 수의 입은 머리카락도 비둔해져
어느새 싸리비처럼 뻣뻣해졌다

계절이 바뀌는 요즘,
사람의 갈대도 털갈이하는지
머리 감으면 수십 가닥씩 빠져
여기저기 헝클어져 시위하듯
가물거리는 내 눈앞을 어지럽힌다
한 때는 비단 물결 일렁거리듯
검푸르도록 싱그러운 젊음이 버거워
한 번쯤 까까머리 되고 싶었었는데

이제는 등에 업은 나이테만큼
버거워진 삶의 저울이 푸석거린다
검은 옷 껴입을 때마다 더해지는
이승의 업처럼 눈꺼풀도 무거워진다
갈대꽃이 하얀 이유를 철들면 보여 준다

가을과 여름의 달콤한 입알

정미영

초록이 똬리를 틀고 앉았던 지난여름 숲
쉼 없이 꿈틀거리고 일렁이던 신록의 물결이
초록에 지쳐 인제야 여름 끄트머리 놓아주고
희망의 마중물로 가을 햇살 담아낸다

한줄기 서늘한 소슬바람마저
넋을 잃고 헤매던 어느 날,
가을의 설대는 여름을 뚫고 말았다

바다를 포기하지 않는 강물처럼
잉걸불 같은 심장이 조각조각 부서져 내려도
가을을 포기하지 않았던 여름이었다

한 인생 돌아온 가을과의 뜨거운 조우,
두 계절의 입알 속에 여름이 녹아내렸다

어둠이 새벽에게 하는 말

정미영

마침 혼자서 다니는
샛바람 한줄기 몰고 와서
어두운 새벽길 열어갈 때
아직 밤하늘엔 손톱만 한
초승달이 눈 비비는 중인데
채 가시지 않은 어둠이 새벽 여명에게
나 기꺼이 물러가리니 조금만,
조금만 더 기다려 달라 애원하고

새벽이여!
무조건 밀고 온다고
딱 버티고 선 어둠을 밀칠쏘냐
서두르지 말라, 쉬이 오는 밝음이 아니더라
샛바람이 길을 열어 밤을 달래어 배웅하고
새벽 애무하듯 마중 나와
두 팔 벌려 포옹하며 맞이하리니

애타게 기다리는 것은 더디게 오는 법
어둠은 이제 영원한 망각의 바다에 빠지고
새벽이슬로 목욕한 돋을 볕 살며시 끌어올리며
꽃등 같은 마음 온 누리 눈부시게 비추어
활활 타오르듯 태양처럼
불타는 삶을 살아내라 한다.

기도

정미영

산허리까지 내려앉은 운무가
억수같이 퍼붓는 장대비에도
환한 미소로 화답하는
법당 안 석가모니 부처님께
두 손 모아 합장하며
읊조리는 간절한 기도
내려놓고 비우고
그렇게 살게 해 달라고

님은 아무 말 없이 아득하게만
두 팔로 꼭 안아 주셨다
아, 나의 무거운 번뇌가
애끓는 내 가슴의 업장이
순식간에 녹아내렸다
힘들면 찾아오라 했거늘
왜 인제야 왔느냐고
얼마나 아프고 아팠느냐
뭉개진 마음 어찌하려고
아픈 영혼일랑 풀어놓고
맑은 바람만 안고 가라신다

법당 앞 도량에는
배롱나무 꽃송이만 바람에 놀란 듯
후두두 눈물 되어 뚝뚝 떨어져 내리는데…

월가(月歌)3 - 저녁달

정미영

고요한 강 위로
얼굴 내민 둥근 세상
가부좌 틀고 앉은 불상처럼
환하게 떠오르는 황홀함

지구별 여행자로
시공간을 넘나들고
내 마음속에 고이 담아
달나라 여행을 떠나는 밤

적막한 바다로의 여행
묵언의 수행자로
불빛 깜빡이던 지구별도
서서히 빛을 잃어가는 밤

끝없이 갈망하는 우주 속
도달하지 못할지라도
오늘 밤 쉼 없는 날갯짓으로
내 그리움은 끝이 없다

이별의 고통

정미영

참을 수 없는 울음을 토해냈다
가슴이 꽉 막히고 숨쉬기조차 힘들어
토해낸 울음 꾸역꾸역 도로 삼켰다
가슴에 묻고 꺼낼 수 없는 슬픔이라
묻고 또 묻었더니 가슴이 퉁퉁 부어올랐다
꺼낼 때 쿡쿡 찌르는 통증으로 아파 또 울고
베갯속에 얼굴을 파묻고 꺼이꺼이 울다가
지쳐 쓰러져 잠이 들고, 꿈속에서도 울었다

이별의 아픔은 이렇게 가슴 치는 고통 속으로
나를 끝없이 끝없이 밀어 내리고,
하늘 아래 서 있기조차 부끄러워 어둠 속으로
자꾸만 자꾸만 나를 숨기고 있었다
바람도 나를 비켜 가고, 시간까지 멈춘 듯한 세상
이별의 슬픔 속에 서 있는 나는
밧줄에 꽁꽁 묶인 채 꼼짝할 수 없는
죄인 아닌 죄인이 되어갔다

조양상 시인, 수필가

- 경남 거제시 거주
- 대한문학세계 시, 수필 등단
- (사)창작문학예술인협의회 이사
- 대한문인협회 사무국장, 부산경남지회장
- 사)한국백혈병소아암협회 사무총장 역임
- 저서 : 시집 "연꽃에게" (2012)
- soaam1004@hanmail.net

강가에서

조양상

그대에게 흐르는
내 마음의 물길 따라 나선다

저무는 노을,
그 뒷모습 헹구고 싶은 산 그림자가
자박자박 다가와 여울에 발 담그면
어느새 징검다리 건너온 땅거미도
파란 이슬 글썽거리는 달개비 꽃 피운다

흘러가는 것이 인연뿐인가
바람 따라 구름도 강물에 어리는
그대 발자취 찾아 두리번거리고
잔잔한 냇가에 총총히 별꽃 번지면
소금쟁이, 물방개도 그리워 맴도는데

사랑도 흘러감이다
연분홍 참꽃 피워 설레게 하다
벼랑과 낭떠러지 그 사이에
퍼렇게 멍든 깊은 용소 파놓을
휘감아 굽이치며 애태우는 소용돌이

늘 그대에게 흐르는
내 영혼의 물길 따라 서성거린다

오륙도

조양상

채우면 다섯 섬
비우면 여섯 섬
섬마을 물안개 선생님

해무 짙어 자욱하면
한낮도 깜깜한 오밤중
산마루 구름처럼 흘러가면
깔딱고개 숨 고르는 육십령

섬기어 낮추면 훤히 보이고
업신여겨 깔보면 잠기어 숨는
독수리 솔 송곳 들고 서 있는
부상 저편 방패섬 오륙도

그대와 나 또한
넘치고 싶어 오지랖 바다
아스라한 물결 육자배기 그리움

불여귀(不如歸)

조양상

울지 못하는 새들
지천명 고갯마루 숲에 모여든다

눈시울 붉힌 노을이
저만치 앞장서 기다리고
함초롬 찬이슬 모은 그믐달이
납작한 잔 넘치도록 기대 서 있다

슬픈 날에는 끄렁끄렁 산처럼
눈이 붉은 짐승들 불러 모으고
지새운 밤이면 쩌렁쩌렁 언 강 울듯
온 산에 참꽃이라도 흐트러지게 피울 것을

울음도 겨우면 몽연히*
안개처럼 피어나 스멀스멀 웃고
여울목 빙빙 도는 가시고기 사연이면
두견이라도 달래줄 수 있으려나
기러기처럼 먼 길 돌아갈 수 있으려나

실컷 울지도 못한 지아비들
빈 배낭에 워낭 달고 미리내 숲길 서성인다

* 몽연하다 : 환하지 못하고 어둡다

그대 사랑 천국이라서

조양상

그대 사랑이 천국이라서
지옥에 갈 것만 같습니다

내 사랑의 죄 거들다가
천국 문전에서 박대당할 사람
꼭 있을 것 같아서요

눈먼 고운 그대 훔쳐
속 빈 강정 만들었는데
하늘마저 보쌈할 자신이 없어서요

나 때문에 천상 아닌
지옥 불에 델 사람들 앞에서
먼저 용서 빌어야 할 것 같아서요

내가 지옥에 갔을 거라며
굳이 극락 버리고 오고야 말
꼭 한 사람 있을 것만 같아서요

그대 사랑한 이 세상 천국이라서
지옥의 하늘도 노을 질 것입니다

기러기

조양상

가을의 끝자락
갓길 서성이던 기다림이
긴긴밤 지새우며 보챈다

노을마저 시리도록 저물어
산그늘도 엷은 달빛 보듬으면
서리꽃 이고 서 있을 솟대 찾아
기러기도 먼 밤하늘 날아간다며

사랑한 사람 그리우면
하늘에 사람인(人) 먹먹히 그리고
역마살 서러움도 팔자려니 품으면
삭풍도 등을 꼿꼿이 떠밀어 준단다

머지않아 새털구름도
다시 짝 찾지 않는 외기러기
돋움별 헤아리다 처진 어깨 묻을
눈꽃 솜이불 소복이 편다고 그런다

청나래 가득 그리움 떠메고
끼륵 끼르륵 까마득히 아득한
나, 그대에게 훨훨 날아간다

난로(煖爐)

조양상

상강 지나 동지
아랫목도 식었고
천장에는 웃풍이 드셉니다

숭숭 바람 들어
무서리 내린 텅 빈 가슴
문풍지도 파르르 울며 떱니다

아궁이에 솔방울 넣고
풀무를 돌려 석류꽃 피워도
잿빛 밤하늘 성근 별빛도 여밉니다

등 돌리면 윗목 찬바람 골
감싸 안아 서로 보듬으면
야윈 손길도 동지섣달 불쏘시개

그대 떠난 가슴이
정녕, 따사로운 난로였음을
시린 밤 소나무만 휘파람 붑니다

여차*

조양상

떠나는 그대
웃음으로 배웅 하련다

여차하여 돌아서고
저차하여 보냈을지라도
안녕에 정녕, 더 무슨 말이 필요하리

여차 해변 몽돌 구르는 소리에
모난 가슴 자그락거리며 몽글리고
그렇게 부서진 마음들 저구 명사십리,
홍포 지나 다포항 갯벌로 내려앉으면

갈대처럼 쑥쑥 자란 그리움도
설레설레 능쟁이 게걸음치고
짱뚱어처럼 두리번두리번 거리다
황발이 팔뚝만큼 노을로 여물 것을

떠나고 보낸 이유는
여차저차 하여도 구차할 뿐
오직, 한 가지 사랑하지 않았음이니

가슴으로 울지라도
그 그림자에 갈쌍하게 어린 얼굴
씁쓸히 야윈 미소로 떠나보내지만

그대 다시 만날 때는
꼭 눈물로 마중가리다

*여차 : 경남 거제시 남부면 다포리, 몽돌해수욕장으로 유명한 포구.

쑥부쟁이

조양상

절절히 필요한 너만큼
나 소용없어 빈들에 핀다

구구절절 애틋하여
겹겹이 흐드러지고
당신에게 쓸모없을지라도
내 가슴은 늘 자색 하늘 불쟁이

두 눈이 퀭할 만큼
서로 멍들이고 여태 애태워야
소용도 선용도 넋마저도
쑥 빠져 애용하는 인연이라서

갈 빛 서린 사향 나무 숲
무서리 내린 산등성이마다
상처 덧난 사슴 눈물이 피운
민저고리 그리움 꽃 지천이다

너에게 소용없는 나만큼
그대 절절히 내 가슴에 핀다

아름거리

조양상

하늘과 땅 사이
세상이 자리하여 아름답다

천기(天氣)와 지기(地氣)를
이어주는 다리, 나무도
간격 두어야 더 우거지고

이 마을과 저 동네도
벌판과 구릉 사이 냇가,
빨래터가 이웃 삼아 준다

내 마음이 달려가고
내 넋이 그리움 앞세우며
저 만치 나중 나설 수 있는 길

그대 숲으로 향하는
글썽이는 내 오솔길에서
눈물 볼 수 있는 뭉클한 거리다

미래사 풍경소리

조양상

달아 공원 지나
미륵산 저편 기슭에 서면
익어가는 홍시 연등마저
잔잔히 귀 기울이는 소리

삐꺽 삐거덕,
사바의 노 젓는 소리
범종과 목탁이 잠재우면
대나무 숲 스치어 온 바람이
두견마저 달래고 싶어서
앞장세운 달빛이던가?

섬섬옥수 인연이란
멀리 있어도 긴 울림
흔들어 맥놀이 공명 여운으로
가슴 속 산사에 메아리치고 머물러야
자비로운 사랑, 귀의라고

덜그렁 백팔번뇌
달그랑 우담바라
무량수전 용마루 밑
산에 오른 푸른 물고기
바람 흔들어 은은하더라

*미래사 : 경남 통영시 산양도 미륵산에 있는 오래된 절.

천사 혜선이

조양상

시린 햇살이 뉘엿뉘엿 지던 어제 오후, 가슴이 또 서걱서걱해지는 전화 한 통을 받았다. "국장님! 저 혜선이 엄마예요. 거제도 왔는데 잠깐 뵐 수 있으세요?" 혜선이는 이대 목동병원에서 12년간 백혈병을 앓다가 5년 전 하늘나라로 떠난 천사다. 일자리를 구하러 사무실에 찾아온 사람들에게 천사 혜선이 이야기를 해주고 서둘러 보내려는데 사무실 문이 열렸다. 서산 갯마을에 사시는 혜선이 엄마와 아버지가 결혼기념 여행으로 지리산을 찾았다가 눈발이 길을 가로막고 거제도로 가보라고 했단다. 혜선이가 또 보고 싶었나 보다.

혜선이는 백혈병 중에서도 주로 아이들이 앓는 급성림프구성이나 급성골수성이 아니라 어른들이 많이 걸리는 백혈병인 만성골수백혈병으로 투병한 환아였는데, 밀레니엄 새 천 년 정초, 내가 잘 다니던 큰 회사에 사표를 던지고 서울로 올라가 사단법인 한국백혈병소아암협회를 막 만들던 그때에 만난 천사라서 더 정이 갔고 나를 참 많이도 울린 예쁜 소녀였다.

혜선이는 병마와 긴긴날을 싸워서 그런지 병원에서도 혈액종양학과 의사들 뺨칠 만큼 백혈병에 대해 참 해박했고, 소아암 천사병동의 힘든 아이들을 잘 돌봐주는 착한 언니이기도 했다. 이 주사를 맞으면 얼마만큼 머리가 빠지고 저 약을 먹으면 얼마나 토해내야 하는지 그 여린 몸으로 감내해야 했던 아픔과 고통만큼 철들었고 그래서 그런지 병실의 어린 꼬마들도 의사나 간호사 언니들 말보다 혜선이를 더 잘 따르곤 했다. "아저씨! 제가 빨리 죽어야 우리 엄마 고생 그만할 텐데 또 재발했어요.", "천국에도 의과대학 있겠지요? 나 커서 병원마다 소림사 동자승 안 보이도록 꼭 백혈병 이겨내는 의사 되고 싶은데……."

그렇게 혜선이는 나를 울렸고 나는 병아리 같은 어린아이들 살리고 싶어 가발 만드는 회사를 찾아가고 비싼 약 파는 제약회사 찾아가 구걸하듯 아픈 천사들에게 가발을 기증하는 사업, 백혈병 치료제 글리벡 소아암 어린이 기증사업을 시작했고, 보건복지부 문턱이 닳도록 들락거리며 의료보험 적용 확대 시위와 무균실 병실에 갇힌 아이들에게 바깥세상을 보여 주고 싶어 중고 컴퓨터와 노트북을 기증하는 일에도 발 벗고 나서야만 했다.

직장도 버렸으니 식구들에게는 늘 빵점일 수밖에 없던 나에게 아내는 내 성마저 평양 조씨가 아닌 백혈병 백가로 바꿨고, 백혈병 소아암 어린이들 행사에 아빠 따라다녔던 딸내미마저 어느 날 나를 보고 동량 쟁이라고 하더니 이제는 아픈 사람 돌보는 고대안암병원 간호사가 되었다. 딸내미 말이 맞다. 나는 죽어가는 어린 생명마저도 못 본채 외면하던 삭막한 세상에 생명사랑을 구걸하러 다닌 거지였다. 그리고 그렇게 구걸하는 나에게 동냥해 주신 분들이 얼마나 고마웠으면 담배인삼공사에서 큰 후원금을 받는 단체로 백혈병협회가 어렵사리 선정되던 날 선물로 받은 담배를 지금도 끊질 못한다.

나는 지금도 세상살이가 힘들거나 부질없다는 생각이 들면 혜선이를 찾아간다. 이 세상 어디에도 혜선이 묘지나 납골당은 없지만, 혜선이가 그런 나에게 "아저씨 사랑해요!" 이런 댓글을 여기저기 달아 주었던 내 블로그에 들어가 김창완의 '꼬마야' 노래를 또 들으며……. 골수이식 수술을 두 번씩이나 하며 그 긴긴 나날 혜선이가 수없이 사선을 넘나들 때에도 애써 눈물을 보이시지 않으셨던 혜선이 부모님은 하룻밤 주무시고 가라는 나를 두고 저녁도 안 드신 채 발걸음을 재촉하셨다. 아쉬움에 외포항에 들려 거제도 멸치와 새우를 사 드렸는데 서산에 해지면 울보가 된 혜선이 엄마와 아버지는 앞장세운 혜선이 생각에 또 베갯잇 적시며 새우잠 주무시지는 않을는지……. 이래저래 몸과 맘이 시린 위령성월, 또 가슴이 먹먹해진다.

철부지

조양상

늦가을에 벚꽃이 피었다. 몇몇 문우들과 가을 문학 나들이 떠나고 싶은 곳을 둘러보러 장복산 아래 진해 생태공원에 들렀는데 몇 그루의 벚나무에 연분홍 벚꽃이 쌀쌀한 갈바람에 꽃망울을 여미고 있었다. 어떤 이들은 환경이 오염되어 나무도 꽃도 철부지 되었다고 개탄하지만 철모르고 피는 것이 어찌 세상에 꽃들뿐이랴! 하늘도 오뉴월에 우박을 쏟아 붇고 가끔은 보름달을 가려 을씨년스런 그믐달로 바꾸기도 하는데…….

세상 모든 것에는 때가 있다. 필 때가 있고 질 때가 있다. 올 때가 있고 갈 때가 엄연하다. 이를 우리는 질서라고 부른다. 그러나 그때를 거슬러 피고 지는 철모르는 것들 때문에 세상도 우리도 울고 웃는다. 엄동설한에 피어나 따사로운 봄볕도 쬐지 못하고 시드는 매화처럼 어린 나이에 사랑앓이로 세상을 등지는 일 때문에 세상이 울고, 영화나 소설 속에서 악역이나 철부지 역할을 맡는 철부지 조연들의 철없는 모습에서 내 모습을 비추어 본다. 그리고 세상살이 인생 무대에서 드라마처럼 살다가는 철모르는 가련한 사람들 때문에 우리는 웃다 울며 가을 바람처럼 언덕길 서성인다.

가끔 텔레비전에도 늦깎이 철부지들이 등장한다. 칠순도 지난 할머니들이 한글을 깨치고자 받아쓰기시험을 보고 소녀 시절 곱게 써 보내고 싶었던 편지를 늘그막 손주들에게 써서 읽는 모습도 보이며, 교장선생님 보다 나이를 열 살도 더 먹은 할아버지께서 중학교에 다니며 손자뻘도 안 되는 어린 친구들과 어울리려고 애쓰는 모습도 보인다. 철없다는 생각이 들기보다는 가슴 찡하고 뭉클하게 한다.

어찌 보면 세상은 이런 철부지들 때문에 사람 냄새나는 이승 같다. 날이 궂을 때면 머리에 들꽃을 꽂고 싸다닌 동막골 처녀가 그랬고, 벙어리 삼룡이는 더 그랬다. 몇 년 전 소설 세종대왕을 읽었는데 무슨 까닭인지 성왕 세종의 수많은 업적보다도 세종의 맏형이었던 양녕대군이 여주로 쫓겨 갈 때 한양에서 보쌈해간 남의 첩 서리의 사연이 눈에 밟혔다. 늘 아버지 태종의 눈 밖에 났던 양녕대군이 어느 날 깊은 밤 금강산으로 떠나자 홀로 남은 서리는 양녕이 자기를 버리고 영영 떠난 것으로 생각해 목을 매고 자진했는데 그 서리라는 여인의 한 많은 팔자도 그렇고 서리의 봉분에 갈쌍한* 시 한 수 뿌려주고 금강산 떠돌았을 양녕대군의 심정이 자꾸만 암연*처럼 피어오르는 것을 보면 나도 영락없는 철부지다.

다음 주말 문학 나들이 가면 녹슨 하모니카 불며 가을에 핀 벚꽃에 입김이라도 한 참 불어주고 와야겠다. 단내에 담배냄새 찌는 철부지 입김이지만…….

* 갈쌍하다 : 눈에 눈물이 넘칠 듯이 가득하게 고이다
* 암연 : 흐리고 어두움

고향 마을

조양상

명절 때가 다가오면 누구나 태어나서 자란 고향과 친구들 옛 생각에 한 번쯤 먼 산을 바라보리라. 내가 태어난 고향은 김과 새우젓으로 유명한 충청도 서해안 광천이다. 산등성이에 갈대밭이 우거진 서해일봉 오서산이 남쪽으로 우뚝 솟아 있고 미군 부대와 레이더 기지가 있던 북쪽 제기산에서 늦가을이면 기러기가 눈구름이 몰고 오곤 했다. 그 제기산 아래 석면 광산이 있던 동네 이름이 "저그물"이었다. 어릴 적 "저그물"에 우리 논이 있었는데 해가 뉘엿뉘엿 지는 저녁 무렵 논에 가셨던 아버지가 지게를 지고 상지 냇가를 건너서 집으로 돌아오실 때면 길게 늘어선 산 그림자가 집 앞마당까지 아버지를 따라오곤 했다. 그렇게 무거운 지게를 지고 우렁이를 주머니 불룩 담아 오시던 아버지를 우리가 소리쳐 부르면 부엌에서 어머니는 데친 호박잎과 된장국만으로도 푸짐했던 저녁상을 차리셨을 거다.

"저그물"이라는 동네 이름이 어떻게 유래되었는지는 모르지만 "저그물" 뒷산에 붉은 노을이 걸리고 산 아랫마을에서 저녁을 짓는 하얀 연기가 모락모락 피어오르는 모습을 바라보며 어린 마음에도 "저그물"이라는 동네 이름이 참 잘 어울린다고 생각했던 것 같다. 그 "저그물" 동네에는 초등학교 우리 동기들이 유별나게 많았다. 덩치가 커서 중학교 때 핸드볼팀 문지기를 한 친구도 있고 머리를 곱게 땋고 늘 마음 설레게 했던 긴 머리 소녀도 살았다. 큰비가 내려 홍수가 나면 냇가 건너편에서 발을 동동 구르던 그 초동 친구들도 이제는 흰머리 소녀 되어 지천명 고갯마루를 넘어 명절 쇠러 오겠지.

"저그물" 동네에서 시냇물을 따라 쭉 내려와 바다와 맞닿는 동네가 "독배"였다. 서해안의 고깃배들이 밀물 따라 밀려와서 잡은 고기들을 풀어 놓았던 포구였는데 새우젓을 토굴에 저장했던 동네라서 바다 비린내와 젓갈 익는 냄새가 부산한 포구의 땀 냄새처럼 정취를 더했다. 여름방학에는 원두막에서 오이, 참외, 수박 지키며 집안 농사일 돕고 겨울방학 때면 그 "독배" 마을에서 통통배를 타고 효자도 외삼촌 집에 가곤 했는데 시린 손 호호 불며 김발을 널고 썰물 때면 횃불을 밝혀 꽃게와 문어도 잡았는데 끝도 없이 펼쳐진 "독배" 마을 앞 갯벌에서 황발이를 잡고 짱뚱어를 쫓아다녔던 추억들은 매립되어 사라진 갯벌에 갈대를 아직도 쓸쓸히 키우고 있다.

내가 태어난 당산 언덕 아랫마을 "단아래" 동네 이름도 그렇지만 우리 고향 광천에는, "솔모탱이", "장자울", "은하", "말미", "덕정" "담서리" "벌말" 등 이루 헤아릴 수 없을 만큼 정겨운 이름을 가진 마을들이 많았다. 그중에서도 가장 기억에 남는 정겨운 마을 이름은 "새낭골"이다. "새낭골"에는 우리 할아버지의 마지막 연인이셨던 할머니 한 분이 사셨던 곳인데 공동묘지 옆이라 상엿집이 많았고 혼자 가기 무서워 꼭 동생을 데리고 다녔던 곳이다. 할아버지가 일찍 친할머니를 여의고 쓸쓸하게 여생을 보내실 때 함께 사신 할머니였지만, 친 손주가 아닌 우리를 끔찍이도 예뻐해 주신 분이다.

모두가 먼 곳으로 돌아가셨고 언젠가는 나도 반드시 돌아가야 할 인생길, 고향을 떠나온 지도 벌써 40년이 지났고 강산도 무심히 바뀌었지만, 그분들의 아련한 숨결들이 머무는 이곳 고향 마을 이름처럼 이번 추석 명절에는 나를 키워 주었던 고향 들녘을 가을바람처럼 둘러보며 내가 기억하는 사람들이 훗날 내 이름 또한 정겹게 떠올릴 수 있도록 고향 마을과 그 추억들을 천천히 더듬어 봐야겠다.

채영제 시인, 수필가

- 부산 해운대구 거주
- 대한문학세계 시 등단
- (사)창작문학예술인협의회 정회원
- 대한문인협회 부산경남지회 회원
- 한국가곡사랑회 회원, 성악가
- dudwp@hanmail.net

산벚꽃 하얀 꽃잎

채영제

봄에는 피는 꽃이 지는 꽃보다 고운가요
나는야 지는 꽃이 보석보다 고와요
저 바다 건너가니 하얀 꽃이 지고 있네

우리가 해후한 날 마음 시려 눈물 나고
우리가 이별한 날 가슴 후벼 눈물 나네
만남과 헤어짐은 이렇게 슬픈 것

만나자 이별하는 그대는 아름다워
봄비에 젖어 떨며 하얗게 울고 있네
사랑치 않으련다 떠나가는 그대여

바닷가에 핀 민들레

채영제

그대
겨우내 숨어있다
봄 햇살에
노란 꽃 피웠네

한겨울
찬 바닷바람에
그대 사지(四肢) 갈가리 찢기어도
엎드려 몸을 추슬러
방긋이 미소 짓고 있네

그대 노란 꽃은
슬프게도
아름다운 인고(忍苦)의 빛인가?

무심코 바라보는
눈가에
이슬이 맺히네

영도다리 2
– 실향 창녀의 눈물

채영제

하루가 가지 끝에 맴돌다 이울이면
유월의 길목마다 열꽃은 피어나서
그 가슴 깊은 곳에 파란불 치솟는다

마파람 소리 들려 창파에 잠겨 들면
이승의 솟대들은 와르르 무너내려
영혼은 비단처럼 포말에 휘감긴다

하룻밤 몸을 팔아 칠흑의 비애 담고
그녀의 궁문에서 피눈물이 통곡하면
저 바다 갈매기도 날아와 자지러져

난간을 붙들고서 붉은 피 내쏟으면
삼경의 바닷물은 북으로 흘러가서
그리운 고향 갯바위 파문이나 남을까

미랑(美浪)이, 너의 얼굴
– 팽목항에서

채영제

미랑이…
너와 나
사랑의 집을 지을 때처럼
오늘 밤은
달빛이
너의 하얀 얼굴을 노랗게 물들이누나.

가쁜 숨을 몰아쉬며
눈을 지그시 감은 너의 얼굴

아, 그 날의
그 얼굴이구나 !

나의 모나리자에게 바치는 사랑이라면
- 어느 미지(未知)의 여인에게

채영제

그대를 사랑한다는 일은
오딧빛 마음으로 끊임없이 주는 것

그대를 수선화 꽃잎으로 사랑한다는 일은
내 마음
노오란 달빛으로 완전히 바스라지는 것

그대의 마음
은사시 나뭇가지 끝에 걸리어
애잔한 초승달 바람이 일 때면

기다려 기다려
그대를
온전히 기다려
뜨거운 내 애무로 끊임없이 녹이고야 말겠네

문디 가시나 끝순이

채영제

문디 가시나 끝순이는 도꼴라미 가풀막 돌비알 아래 탱자나무 울타리 집에서 혼자 살았지요. 입방아 찧는 말로는, 허튼계집 지애미가 어느 어리보기와 난질장이질 한끝에 바닷목 언덕바지에서 남몰래 낳았으니 끝순이는 가리사니가 없다고들 하였지요. 문디 가시나 끝순이는 지애미가 속바람으로 시들말라 죽어 외돌토리가 되자, 여우비 오는 날에는 도꼴라미 벼룻길 솔개그늘에 서서 붉은 저고리 푸른 치마 두르며 초라니 소리를 하고, 햇빛 좋은 날에는 바닷가에 나와 하얀 물결 위에 나니는 재갈매기 노란 부리를 넋 놓고 바라만 보았지요.

문디 가시나 끝순이는 열여덟 꽃띠에 자간치 가는 어귀 선술집에서 먹갈치 같은 몸맨두리를 파는 논다니로 입치다꺼리를 하다 돈깨나 버는 탑삭나룻 머구리의 군계집이 되었지요.
문디 가시나 끝순이는 강피밥에 흰쌀이 포스라지자 밥만 먹고는 못 살겠다고 여기저기 오사리잡놈들과 어울려 다녔는데, 노해에 건들바람이 불어올 때 집구석에 돌아와 한밤중에 머구리와 그 짓을 치른 후 늙은 것이 시원찮은 것을 가지고 풀칠만 하였다고 구시렁대며 뒷물을 하다 이웃집 주먹코 땡추와 눈이 맞아 보쟁이는 사이가 되었지요. 밤이고 낮이고 머구리가 있으나 없으나 땡추와 붙어서 불잉걸에 생솔가지 태우는 메케한 냄새를 피워 올렸지요. 집채만 한 너울이 솟구치고 온몸이 부르르 떨릴 때면 비바리의 숨비소리처럼 휘 하고 알 수 없는 한숨을 내쉬기도 하였지요. 끝순이와 땡추는 해가 가고 달이 가고 이태가 지나도록 진드기처럼 떨어질 줄 몰랐지요.
동네 사람들은 "하이고, 저 가시나는 어째 저리도 밝힐꼬 터럭까지 몽땅 타뿔까 걱정이네!"라고 숙설거렸지요.

그 문디 가시나 끝순이는 봄날이 다 갈 때쯤에 죽었지요. 먼데 산벚꽃이 자지러지고 갈맷빛 물너울이 일렁거리는 어슴새벽에 도꼴라미 너럭바위 위에서 덩덕새머리를 하고 가랑이를 짜악 벌린 채 벌거숭이로 죽었지요. 끝순이 얼굴은 갯녹음에 물들어 성그레 웃음을 짓고 아랫도리 거시기에는 선짓빛 패랭이꽃 한 송이가 꽂혀 있었지요.

그리고 어디선가 불어오는 끝순이 긴파람 같은 실바람이 덤부렁듬쑥 까만 불거웃을 살랑살랑 흔들어 대고 있었지요. 동네 사람들은 늙은 머구리가 홧김에 한 짓이라고들 하고 또 어떤 이는 땡추가 한 짓일 거라고 말하며 혀만 껄껄 차고 있었지요.

아, 갓밝이는 오늘도 이승의 에움길로 찾아오는데 그 옛날 끝순이는 저승으로 해내키 날아가서 다시는 돌아올 수 없습니다. 그러나 끝순이의 가뭇없는 감탕질 소리는 후림비둘기가 되어 우리 가슴 속에 슬그니 내려앉아 사오락 사오락 숨을 죽이고 있습니다.

문디 가시나 끝순이 주서

* 문디 가시나 (문둥이 계집애) : 경상도 지방에서는 친한 사이이거나 연민의 정이 느껴지는 여자를 이렇게 부르고 있습니다.
* 도꼴라미 : 부산 서구 남부민동에 있던 바닷가 동네 지명. 1960년대에 매립 되어 지금은 사라진 곳입니다.
* 가풀막 : 가파른 땅바닥
* 지애미 : "자기 엄마"의 경상도 사투리입니다.
* 어리보기 : 얼뜬 사람
* 허튼 계집: 정조관념이 희박하여 몸가짐이 헤픈 여자
* 난질장이 : 계집의 오입장이
* 가리사니 : 사물을 판단할 만한 지각
* 벼룻길 : 강가나 바닷가로 통한 벼랑의 길
* 초라니 : 잡귀를 쫓는 무속 의식에서 깃발을 흔드는 나자(儺者)
* 나닐다 : 날며 오락가락하다.
* 자갈치 : 부산에 있는 지명(地名)
* 논다니 : 웃음과 몸을 파는 여자
* 머구리 : 재래식 잠수부(潛水夫)
* 노해 : 바닷가에 펴진 들판
* 비바리 : 해녀(海女) 또는 바다에서 고기를 잡는 일로 업을 삼는 처녀
* 보쟁이다 : 간통(姦通)하다.
  부부가 아닌 남녀가 남 몰래 서로 은밀한 관계를 연하여 맺다.
* 숨비소리 : 해면 위로 떠오른 해녀가 참고 있던 숨을 내쉬는 휘파람 같은 소리
* 어슴새벽 : 어스레하게 밝아오는 새벽
* 덤부렁듬쑥 : 수풀이 우거져서 그윽한 모양
* 불거웃 : 남녀 성기 언저리 두두룩한 곳(불두덩)에 난 털
* 갓밝이 : 여명(黎明)
* 에움길 : 굽은길
* 해내키 : 경상도 사투리로 서둘러서 간다는 뜻.
* 감탕질 : 정사 때 여자가 울부짖으며 몸짓을 음탕하게 놀리는 짓
* 후림비둘기 : 동무 비둘기를 유혹해 들이는 비둘기

내 주(主)여,
이 가을엔 조금씩만 채워 주시옵소서

채영제

主여

나, 이제 다 버렸습니다
티끌 한 점도
남김없이 모두 비웠습니다.

主여

이 가을에는
텅 빈
이 마음속에, 조금씩만
채워 주시옵소서

한꺼번에
다아
채워 주시면
이 가을이 가기도 전에, 또
비워야 하니까요.

내 主여,

이젠
버리고
비우는 것이
너무나 아프고
겁이 나옵나이다.

빛과 그림자

채영제

창조주(創造主)께서 여인의 눈물로 그림을 그렸습니다

남편에게 소박맞은 여인이
외간남자와 첫 잠자리를 하고 터뜨리는 수묵색(水墨色) 울음 한 바가지
먹을 슥슥 갈아서
화선지(畵宣紙)에 짓뿌려
하늘과 구름과 산(山)을 그리고 새벽을 그렸지요
그리고,
그리고 그 여인의 몸엣것을 받아 여명(黎明) 빛을 덧칠 하였지요

오늘 밤, 이 그림에는
여인의 울음소리가 터져 나옵니다

으허엉 으허엉

그래서 나는 이 그림을 사랑합니다

몹시도 이것을 사랑하는 이유가 바로 그것입니다

늙은 제비 한 마리

채영제

가을날
개펄에 파묻힌 목선(木船) 위
늙은 제비
한 마리,

낡은 돛대
곤
허물어지고
北風은 올 것인데
이제
어디에서 이 季節을 날까

그침표 찍을 곳에
느낌표를 찍어보고
리골레토 박자에
내 마음 적셔나 볼까
무서리 내려도
외로운 내 靈魂, 쉴 곳은 있으리
丹楓 빛, 밝은 추녀 밑에
나래 틀고
江南 간 그 女人
돌아오기만 기다려

낙엽의 소리

채영제

갈무리 바람에 가로수 낙엽(落葉)이 흩날리면
사아아 사아아
아, 나의 침실(寢室)로 돌아오는 여인(女人)의 샤워소리

내 휑한 눈으로 떨어진 낙엽을 밟으면
바시시 바시시
아, 나의 이부자리를 살며시 들치는 내 여인의 웃음소리

가을비 낙엽 적시고 갈바람이 흐느적거리면
흐으응 흐으응
아, 비몽사몽(非夢似夢) 헤매는 내 여인의 가쁜 숨소리

삭풍이 휘몰아쳐 눈꽃이 낙엽 위에 만개(滿開)하는 날
우우우 우우우
산 그리메에 숨어 숨어 별 무늬를 수놓는
아, 내 여인의 소리… 사랑하는 소리

까치밥 사내

채영제

내가 어느 경찰서에서 수사관 생활을 할 때였다. 사기사건의 지명수배자가 경주의 어느 산골짜기에 은신하고 있다는 피해자의 신고로 출장을 간 적이 있었다. 그곳에 도착하니 오후 4시경이었다. 경주 시내에서도 버스를 타고 한참 들어간 산골인데, 그곳에서 그는 텃밭에 채소도 심고 버섯을 재배하며 살고 있었다.

그는 50대 중반의 행색이 초라하고 깡마른 중늙은이로 세상의 온갖 풍상을 다 겪고 귀향하여 귀농한 자였다. 사업의 실패로 가족들에게조차 버림을 받아 혼자서 산지가 5년이 훨씬 넘었다고 하였다. 그는 마침 집 앞 감나무에 올라가 감을 따고 있었는데, 이상하게도 맨 꼭대기 가지 끝에 달린 감 몇 개는 따지를 않고 그냥 두고 내려왔다. 나는 의아하여 "손에 곧 닿을 감 몇 개는 왜 수확하지 않고 그냥 놔두느냐?"고 물으니 그는 빙긋 웃으며 말하였다. "사람이 다 따 무거뿌면 깐치(까치)는 우예 살겠능교? 같이 농갈라(나누어) 묵어야제!"그 사기죄 지명수배자는 자연은 인간의 것만이 아니니 같이 살아가는 까치에게도 맛있는 감을 맛보게 해야 한다는 것이었다. 그 한마디가 내 생각을 가을바람처럼 흔들었다.

그의 혐의내용은 전자제품 대리점을 하면서 본사에 판매대금을 완납하지 않은 것이고 자초지종 들어보니 자신도 사기를 당해 그렇게 된 것이라고 하였다. 단풍처럼 물든 그가 가지고 있는 여러 장의 빨간 부도 도장이 찍힌 약속어음이 '혐의 없음'을 입증이라도 하는 듯 보였다. 내가 그에게 수갑을 채울 필요도 경찰서로 동행할 필요도 없었다. 그냥 현장에서 간단한 조서만 꾸민 후에 동네 이장님으로 하여금 신원보증을 시키고 나중에 자진 출석할 것을 권면하였다.

그날 저녁, 그의 집 돌판에 삼겹살을 구워 먹으며 듣는 그의 기구한 인생역정은 한마디로 소설과 같았다. 자신이 남으로부터 받은 약속어음이 부도가 나자 빚쟁이들이 몰려들어 순식간에 알거지가 되었고 그 여파로 사랑하는 아내는 아이들을 데리고 가출을 하였단다. 가게 전세금까지 모조리 빼앗긴 그는 할 수 없이 서울역에서 노숙자 생활을 하였고, 그곳에서 우연히 길 지나는 먼 친척의 눈에 띄어 고향 땅으로 다시 돌아왔다는 것이다. 그리고 남이 버리고 간 빈집에 들어가 그렇게 세상을 잊고 자연을 벗 삼아 하루하루를 살아가고 있다는 것이었다.

그의 이야기를 듣다보니 땅거미가 지고 별빛이 총총히 흐르는 밤하늘 멀리 기러기도 날아 왔다. 그는 가진 것을 잃고 갑자기 가난이 닥쳐오자 사람들까지도 모조리 떠나버렸다면서 한탄을 하였다. 감나무 가지 끄트머리에 매달린 빨간 까치밥을 바라보는 그 사내의 푸른 눈가에는 어느덧 이슬이 맺히기 시작하였다.

지금 살아있다면 아마 80대 후반의 노인이 되었을 것이다. 그가 남겨 놓은 감나무 가지 끝의 홍시를 파먹던 까치소리에 멀리 떠나갔던 아내가 돌아왔을까…. 그 슬픈 사내를 살굿빛 젖가슴으로 보듬어나 주었을까! 가을만 되면 생각나는 까치밥 사내다.

가출 미수(家出 未遂)

채영제

가난이 죄는 아니지만, 그 가난 때문에 울고 웃었던 추억들을 우리 어린 시절에는 누구나 하나씩 간직하고 있을 것이다. 우리 집도 어지간히 가난하였다. 중학교 2학년 때, 공납금이 2개월이나 밀렸다고 담임선생님에게 구둣발로 정강이를 까이며 학교에서 쫓겨났던 일이 있었다. 선생님은 어린 나에게 "돈도 없는 놈이 무슨 놈의 공부는 공부야, 공장에 가서 돈이나 벌어야지!" 라고 빈정대셨다. 나는 서러워 눈물을 흘리면서 책 보따리를 싸서 집으로 돌아와야만 하였다. 집에는 늙으신 아버지가 마른기침에 하얀 가래를 끝없이 뱉어대고 방 한쪽 아랫목에 누워만 계실 뿐이었다.

아버지가 이런 사연을 알게 되면 병으로 야윈 가슴 더욱 찢어 놓을 것아서 차마 집으로 바로 들어가지도 못하였다. 책가방을 들고 영도다리를 건너 타박타박 걸어 자갈치 시장을 이리저리 헤매다 오후 4시경이 되어서야 집으로 들어갔다. 그 다음 날은 아침에 출근하는 누나와 같이 집을 나와 같은 버스를 타고 충무동에서 내려 전차를 타는 척하다가 다시 되돌아가 동네 천마산으로 올라갔다. 그곳에서 온종일 바다만 바라보고 도시락만 까먹고 앉아 있다가 집으로 들어가야 했다.

그렇게 학교를 간다고 아침에 일찍 집을 나와 천마산에서 지낸 지가 일주일, 음악 선생님이 직접 집을 찾아오면서 나의 기막힌 땡땡이 행각은 끝나게 되었다. 음악 선생님은 담임선생님의 구둣발에 차여 피맺힌 정강이를 들여다

보며 우셨다. 그리고 다음날 선생님이 밀린 공납금을 대신 납부해 주신 후 나는 다시 학교에 나가게 되었다.

담임선생님은 수학 선생님이셨다. 자기의 집에 돈 많은 집 아이들, 공부를 지지리도 못하는 아이들을 끌어 모아 속칭 고액과외를 하였다. 그런 일이 있었던 뒤에도 나는 제때 공납금을 내지 못하자 등교 거부에 시험조차도 치지를 못해 시험 점수는 전부 빵점 처리가 되었고 학교성적 석차는 전교 10위권에서 100등으로 다시 200등으로 끝없이 미끄러져 내려가기만 하였다. 그러자 학교에 다니고 싶지 않았다. 같은 반에 모택동이라는 별명의 가진 부잣집 친구가 있었는데 하루는 그 친구가 그냥 공부하기 싫다고 가출을 하자고 하였다. 결국 공부하기 싫거나 학교에 다닐 수 없는 친구 몇 놈이 그 범행에 가담하였고 우리는 학교로부터의 탈출을 모의하였다. 각자의 집에서 많은 돈을 훔쳐 나와 아무도 살지 않는 섬으로 가서 갈매기 알을 먹으며 그렇게 같이 살자고…….

며칠 후 일요일 공모자들은 용두산 공원 이순신 장군 동상 밑에서 서로 만나기로 하였다. 나는 집으로 돌아오는 길에, 호주머니를 탈탈 털어 영도다리 초재상(草材商)에서 후두암으로 고생하시던 아버지에게 좋다는 버마재비 사마귀 약을 사고 집 연탄불에 냄비를 뜨겁게 달구어 그것을 달달 볶은 후 절구통으로 가늘게 부수었다. 그리고 그것을 대롱에 넣어 아버지의 목 안으로 후하고 불어넣어 드렸다. 가출 전 누어 계신 아버지에게 해 드리고 싶었던 마지막 효도였다. 그렇게 해 드리자 아버지 마른기침은 차도를 보였고 그런 아버지를 보면 나는 한참을 고민해야 했다. 내가 집을 나가면, 누가 아버지의 목 안에 버마재비 약을 불어넣어 줄까. 아무리 생각해도 도저히 못 할 짓이었다. 그 며칠 후 나와 같이 모의를 한 놈들이 용두산 공원에서 나를 기다리며 장난을 치고 놀다가 그만 옆 언덕에 굴러 떨어져 한 놈이 뇌진탕으로 병원에 실려 가게 되었고, 결국 담임 선생님에게 우리의 범행 모의 과정은 세세히 밝혀졌다. 만만한 나는 또 담임선생님에게 불려갔다. 친구들이 이미 다 자백을 한 터였으니 부인을 할 수가 없어 순순히 범행 전모를 자백할 수밖에 없었다. 선생님의 얼굴은 미운 오리 새끼 같은 나를 가출선동죄와 가출미수죄주범으로 처단할 것처럼 무서웠다. 그런데 범죄 학생 판결을 했던 교무회의에서 나는 무죄가 되었다. 훗날 들은 이야기에 따르면 담임선생님은 내가 순진한 친구들을 꼬아서 가출할 것을 모의하고 선동해 이런 불미스러운 일이 발생하였으니 나를 반드시 중징계에 처해야 한다고 강력히 주장하셨는데 음악 선생님께서 적극적으로 나를 변론하셨고 다행히 교장선생님의 직권에 따라 불문에 붙이는 것으로 일단락되었다는 것이다.

그 후 나는 음악을 가르치신 여선생님을 좋아할 수밖에 없었고 당연히 음악선생님을 기쁘게 해 드리고 싶어 노래도 열심히 불러 합창대회에 나가 여러 번 상을 받기도 했다. 그 선생님에게 배운 노래는 내 평생의 주제곡이 되었고 지금도 내가 한국가곡사랑회 회원으로 활동하며 무대에 오를 때면 그 선생님을 그리워하며 목 놓아 노래를 부르곤 한다. 가난이 나에게 준 시련도 많았지만 이처럼 평생을 간직하는 아름답고 소중한 추억도 선사해 준 것을 보면 결코 가난은 원망 받아야 하고 또 추한 것만은 아닌 것 같다.

아버지의 애창곡에 대한 기억
– 해방가

채영제

어둡고 괴로워라 / 밤이 길더니 / 이 강산 삼천리에 / 먼동이 텄다.
동무야 자리 차고 / 일어 나거라! / 산 너머 바다 건너 / 태평양 건너
아! 아! 자유의 / 자유의 종이 울린다.

이 노래는 나의 아버지가 즐겨 부르셨던 노래 중의 하나인데 여름 장마철에 장대와 같은 비가 내려 온 사방이 빗소리로 가득할 때면 아버지는 꼭 이 노래를 부르셨던 것으로 기억된다.

아버지가 1.4. 후퇴 때 이북에 두고 온 가족들을 그리워하면서 이 노래를 부르시는 것이라고 나름대로 어린생각에 아버지의 심경을 헤아려 보기도 하였다. 그런데 아버지는 어린 우리 형제들이 그 노래를 대충 익혀서 흥얼거리기라도 하는 날이면 깜짝 놀라면서 "절대로 어디 가서 이 노래를 함부로 부르면 안 된다."고 단단히 주의를 시키셨다. 우리는 그냥 영문도 모르는 채 "아, 절대로 불러서 안 되는 노래도 있구나!" 라고 짐작만 하고 있었다.

그러나 어린 시절 아버지가 돌아가시고 내가 차츰 나이가 들면서 도대체 그 노래가 어떤 노래인지 궁금증이 더해만 갔다. 가사의 내용은 "미국이 태평양 건너에서 자유의 종을 울려주니 우리는 빨리 자리를 차고 일어나자!"라는 지극히 좋고 애국적인 노래인데도 말이다. 최근 나는 이 노

래가 불현듯 생각나서 인터넷에 들어가 검색을 하여 보았더니 제목은 "해방가(解放歌)"또는 "독립행진곡(獨立行進曲)"으로 되어 있고 작곡은 김성태, 작사자는 박태원으로 되어 있었다. 자세히 들여다보니 이 노래는 우리나라가 일제(日帝)로부터 해방된 직후인 1945년에 당시 친일파(親日派)라고 손가락질을 받던 작곡가 김성태가 곡을 썼고 작사는 6.25 동란 중에 월북한 소설가 박태원이었다는 사실을 알게 되었다. 그러니 이 노래에 대해서는 잘 모르긴 해도 남과 북에서도 모두 한때 금지된 노래였으므로 그렇게 아버지가 빗소리에 불렀고 우리가 부르면 정색을 하셨던 것 같다.

아버지는 일제 강점기인 20대 초반 청년기에 고향에서 당시 풍습대로 일찍 결혼하셨다. 당시 일본은 자신들이 일으킨 대동아전쟁(大東亞戰爭)에 한반도 젊은 조선인들을 강제로 끌어가는 징용제를 도입하게 되었는데 그런 정보를 미리 입수한 막내 할아버지가 서둘러 집안의 장조카인 아버지를 일본으로 피신시키신 것이다. 당시 막내 할아버지는 고향에서 순사(巡査)를 하셨는데 경찰 직무상 그런 고급 정보를 빠르게 아셨던 것 같다.

아버지는 그렇게 일본 땅에서 십수 년을 사시다가 해방이 되기 수년 전에 막내 할아버지가 퇴직하고 황해도에서 토건업을 하시자 귀국하여 황해도 땅에 정착하게 되었다. 아버지가 작은할아버지를 도우며 황해도 땅에 정착하자 가까운 일가친척들이 모두 올라와 살게 되었는데, 해방이 되자 우리의 의사와는 관계없이 강대국들이 마음대로 그어놓은 3.8선 따라 남과 북으로 갈리게 되었다. 남쪽은 미국 군정의 관할 하에 들어가고 북쪽은 소련이 점령하여 공산 정권이 들어서게 되었으며 5년 후에는 동족상잔의 비극 6.25 전쟁이 터진 것이다.

아버지는 전쟁 중 공산치하에서 사는 동안 그들이 인명을 경시하고 인륜과 상식적으로도 용납할 수 없는 흉악무도한 일을 저지르자 환멸을 느껴 이남으로 탈출을 결심하게 되었다고 하셨다. 상황이 얼마나 급했던지 아버지는 멀리 떨어진 동생네 집에 계셨던 할머니도 미처 모시지 못하고 당신의 가족과 막냇동생 가족만을 데리고 황해도 진남포시 맞은편 바다에 있는 초도(椒島)라는 섬으로 건너와서 후퇴하는 군함을 기다리게 되었단다. 그런데 군함은 예정대로 오지를 않았고 십여 일간을 기다리자 집에서 가지고 온 식량이 다 떨어져 온 가족이 며칠을 굶주리게 되었다고 하셨다. 그러자 아버지의 첫 부인이셨던 큰어머니는 용기를 내어 어린 딸을 등에 업고 작은집 큰누나와 "전마선"이라는 작은 배를 타고 육지 집으로 식량을 구하러 나가셨는데, 며칠 후 미군 군함이 초도에 도착해 수많은 피란민을 태울 때까지 끝내 돌아오지 못하고 생이별을 했다고 한다.

아버지는 더는 기다릴 수가 없었으므로 당시 11살 먹은 어린 딸(큰누나)과 작은집 식구들만 데리고 전북 군산을 거쳐 부산까지 피난을 오시게 되었다. 아버지는 우리가 다 클 때까지도 아내인 큰어머니가 반드시 피란을 왔을 것이라 믿고 계셨던 것 같았다. 그 후 외롭게 지내셨던 아버지는 우리 엄마를 만나 귀한 아들들을 낳고 새 가정을 꾸렸지만, 못내 이북에 두고 온 큰어머니를 잊지 못하시는 것 같았다. 아버지는 이북에서 반동분자 가족이라고 낙인이 찍쳐 도저히 살 수가 없었다고 한다. 그렇게 탈북을 결심하면서, 미군의 군함을 기다리며 부산으로 피난 와서는 아내를 찾고 기다리며 그 노래를 불렀는지 모른다.

며칠 후면 또다시 휴전의 그 날이 온다. 1세대 탈북자인 아버지는 사십여 년 전에 돌아가셨지만 아직도 큰 누님이 살아서 그렇게 헤어진 어머니를 기다리고 계신다. 큰 누님의 나이가 벌써 일흔넷이니 만약에 큰어머니가 살아 계신다고 한다면 백 세가 넘으셨다. 연령으로 보았을 때, 누나와 큰어머니 간의 기가 막힌 모녀 상봉은 기대할 수 없겠지만, 아직 북에 생존해 있을지도 모를 작은누나와 일가친척들의 소식이라도 들어 보았으면 얼마나 좋을까? 늙은 우리 누님이 북에 두고 온 가족들의 생사라도 알게 된다면 얼마나 기뻐할까! 아, 그런 날이 우리 누님이 살아있을 동안에 이루어진다면 나도 "해방가"를 목 놓아 부를 텐데…….

최명조 시인

- 경남 진주 거주
- 대한문학세계 시 등단
- (사)창작문학예술인협의회 정회원
- 대한문인협회 부산경남지회 회원
- chlaudwh123@naver.com

고려장

최명조

아버지께서 전화하셨다
우리 집에 와서 같이 살고 싶단다
마누라가 내 입을 막는다

또 아버지께서 전화하셨다
참고 살다 오 년 뒤에 우리 집에 같이 살고 싶단다
아들이 내 입을 가린다
불쌍하신 내 아버지
그 화려한 세월 어디서 다 잃어버렸는지
나는 할 말이 없다

나는 아들에게 물었다
아빠가 늙어서 오갈 데가 없으면 어떡하겠느냐고
아들 하는 말 당연히 같이 살아야지
나는 내 아들보다 철이 안 들었는가 보다
이 밤
아버지는 뭘 하실까
내가 같이 안 살까 봐 잠도 못 주무실까
가여우신 내 아버지

고사리

최명조

어제까지 몰려왔던 앞마당 차들은
썰물처럼 빠져나가고
강줄기처럼
고속도로엔 물이 흐르고
어머니 이마엔
또 그리운 고랑 하나가 패입니다

장롱 안에서 꺼내었던
베개는 주인을 잃어버리고
널브러진 이불만 아버지 눈가에 물결로 일렁이고
귓가를 맴도는 환청에
또 돌아보고 또 둘러봐도
시무룩한 고양이 울음소리뿐

어린 시절엔
찾아갈 집도 하나였는데
이제 나 아닌 또 나의 어머니도
챙겨야 하고
나도 어쩔 수 없고
아버지도 어쩔 수 없고
사랑이란 그렇게 하나하나 흩어지고
나도 모르게 아스라한 기억의 강을 따라
추억의 바다로 흘러가 버립니다

어찌할까요
이 아쉬움
가을 햇살 소쿠리에 늘어놓은 메마른 고사리
내년 보고 싶은 아들이 오면
또 환희 불어나겠죠
긴 그리움을 깨고
아!
내 어머니
내 아버지

슬픈 가을

최명조

불신의 끈은 맹골수도에 잠기고
나는 오늘도 한숨만 쉰다
인기영합이라는 먹구름 아래엔
단식이라는 이름 옆에 또 단식이라는 이름이 붙고
광화문엔 또 촛불이 불을 밝히고
촛농은 흘러 흘러 하수구를 막고
온천지가 바닷물이다

대기업 간판 저 저 밑에 파묻힌
중소기업 직원의 존재는 숨소리도 못 내고
진도 택시 아저씨는 몇 달째 불어 튼 라면을 잡고 말을 잃고
밤마다 텔레비전 앞에 소주잔을 놓고 기도한지도 몇 나날들
안타까운 서민의 꿈도 소리 없이 바다 아래로 가라앉는다
그래도 누구 하나 살려달라 말을 못한다

울다 울다 온 가을
밤은 익어 가는데
아무도 가을을 느끼지 못하고
불신의 골만이 햇살에 더 붉게 물들어진다

가장이라는 이름으로 나도 말을 못하고 모두가 벙어리가 되어간다
8월의 가을은 맹골수도로
블랙홀처럼 빨려가고
그래도 내가 더 슬픈 건
팽목항 앞에 잠든 여린 영혼들이
지금의 작금의 현실을 보며 부끄러워할까 봐
그게 더 무섭다

사랑과 관심

최명조

사람들은 오늘도 사랑이라는 이름으로
산에서 자라야 할 나무를 집으로 가져와
가지를 비틀어 철사로 묶고 이리 틀고 저리 틀고
깁스를 한다

사람들은 오늘도 관심이라는 이름으로
들에서 자라야 할 꽃을 집으로 가져와
나무를 대고 이리 묶고 저리 묶고
생각나면 물 한 모금 생각나면 햇살 한 모금
고문을 한다

사랑이 깊어지면 구속이 되는데
사람은 눈앞에 있어 주기만을 바라고
관심이 깊어지면 집착이 되는데
사람은 집착으로 관심을 준다며 놓아 주지를 않는다

자연에서 커야 할 나무와 꽃은
사랑과 관심이라는 이름 앞에서
고향을 그리워하다 병이 들어가고
그러다 시들어 죽으면 사람들은 또 이렇게 말한다
그렇게 애지중지 키웠는데
명(命)이 다 되었다고

아부지

최명조

세월의 연륜이 백과사전만큼
두꺼우신 그 미소
일주일 내내 마을 어귀
정자나무 아래서
이 차 저 차 바라보아도
기다리던 아들은 오지 않고
그래도 기다렸노라
말하지 않으셨다
세월의 무게에
땅을 향하는 발은 더 짧아지시고 그래도
얼굴에 묻어나는 사랑은
정자나무보다 더 컸으니
나를 있게 하고
나를 숨 쉬게 하고
내 삶에 초롱불이신 아부지
오늘도 새벽녘
세월이 지겹다시며
잠 못 이루실 아부지
자식과 마누라만 챙기는 그 아들이
그래도 아들이라고
동네엔 효자로 소문이 나고
참 거짓말도 잘하시는
아부지

담쟁이

최명조

달빛이 제아무리 밝아도
나는 달과 놀지 못하리

햇볕이 제아무리 내려 쬐도
나는 시비 걸지 않으리라

애시 당초 너희가 나를 부정했고
그러기에 나는 홀로 가리라

여기가 내 영역인 것을
내 갈 길을 알기에

잠들지 못하는 밤
누가 수면제를 빼앗아 갔나

새벽 용역시장에는 가장들의 하품소리가
냉골 찬 이슬을 깨우고

하나 두울 차가 오면
한 사람 두 사람 담쟁이처럼 뿔뿔이 흩어져 나가고

혹여나 나를 불러 주려나 기도 소리
연기되어 퍼진다

기억에도 없던 낯선 곳에서
아프리카 원시림의 벌목공이 되고

공사판에서 벽돌을 지며 시간과 시간 속의 외줄을 타고
달(月)이 올 때까지 소리 없는 긴 하루

여와 야
갑과 을 뒤틀어지는 세상살이 속에

볼트 너트의 이유밖에 모르는 가여운
가방 줄 짧은 우리네 아버지들은

시키면 시키는 대로 그렇게 사는 것이 옳은 길이라 믿고
이 세상의 꼭두각시가 되어 춤을 춘다

이슬 울던 새벽
용역 사무실 문 앞에는 시멘트 같은 각박한 세상을 덮으려

우리네 아버지들은 담쟁이처럼
소리 없는 발걸음으로 항쟁 한다

시냇물

최명조

회사에서 빵을 주었다
나는 차마 먹지를 못했다
살그머니 눈치를 보다 나는 빵을 먹지 않고
호주머니 깊숙이 넣었다
뱃속에서 들려오는 알람 소리에도
나는 막내의 얼굴을 그리며 차마 빵을 먹지 못했다

구름 떠나온 먼 날
아버지가 항상 밥을 드실 때마다
다 드시질 못하고 남겨 두셨던
어머니는 항상 아버지 밥그릇을 고상으로 채웠던
그 아름다운 이유를
난 그제사 알았다

가을이 갈 때쯤이면
고구마를 캔 밭고랑을 한 번 더 파 보시던
어머니의 마음이
타작을 하고 바람만 일던 논에
이삭을 줍던 아버지의 사랑이
오늘 저녁 내 눈가에 굴뚝 연기로 피어 오른다
버드나무 까치가 울면 항상 좋았던 그 시절
들국화 향기 따라 귀뚜라미 등에 타고
오늘 밤엔 오무골 내 고향으로 꼭 한번 가보고 싶다

진달래꽃

최명조

내 영혼이 숨 쉬는 곳에
너를 불러들이고
나만의 정원에서 너와 숨 쉬었던 그 날들
그 해맑은 눈동자 다시 볼 수 없는가

이제 내 마음속 진달래꽃은 시들어 가고
너의 눈동자도 기억 속에 아롱거려지고
보고 싶음은 평생의 가슴에 묻어 두었음에
너무 흔한 표현이련가

기억하려나
어느 하늘 아래 숨 쉬고 있는가
내 풋풋한 옛사랑의 이름이여
두 손 꼭 잡고 뛰놀던 뒷산 진달래 그 향기를
옹기종기 모여 우리를 반겨주던
분홍빛 사랑 노래를

엷디엷은 그 꽃잎이 내 입속에 녹아내린다
그 지나간 추억의 이름으로
나는 지금도 그 산등성이에 핀 진달래를 보고 있다
너에 미소처럼 맑은 그 꽃을
내 입가에 녹아내린 너의 사랑을
널 눈물 나게 그리워하며

장마

최명조

누구의 한이 해마다 그렇게 맺혀
몇 날 몇 일을 그렇게 우는지
어머니는 늘 비가 오면
한 맺힌 넋 달래듯 부침개를 부쳐 주셨지
밤새 내리는 빗줄기
화장실 가던 그 길 그 대나무 사이로
하얀 소복 입은 귀신이 볼까
두려웠던 장마

복실이도 불쌍코
야옹이도 불쌍코
늙은 할배 마냥 어슬렁어슬렁
두꺼비가 마실 나오던 장마

그래도 비가 오면
그 지겹던 부침개가 항상 떠오릅니다
개울 건너 이쁜 미희 집에도 못 가게
돌다리마저 삼켜버리던 장마

질퍽이던 앞마당
기분마저 서럽게 하던 장마
대나무밭
날 보던 그 하얀 소복 여인은
훨훨 털고 날아갔을까
온마 가슴에 손 넣고
하루 종일 울고픈 장마

콩나물은 잘 크겠지

최명조

감나무에 감은 홍시로 매달려
날 그리워하겠지

옴마는 부뚜막에 내 밥 차려놓고
밥 수건 덮어놓고 기다리겠지

청마루엔 늙은 고양이 날 기다리겠지
아마 오늘도 작은방에 군불을 지펴 놓았겠지

돌아가야 하는데
찾아가야 하는데

너무 멀리 떠나와서 갈 기약 없네
아부지는 콩 시루 물주며 날 그리워하겠지

오늘도 대문을 열어 놓았겠지
바람 지나다 기척 해도 방문을 열어보시겠지

홍시 몇 알
석류 몇 알
날 그리며 찬장 그릇에 담겨 울겠지

내일은 가봐야지
아마 가면 옴마 누운 자리 들꽃 하나 피어있겠지
아부지는 말이 없겠지
속으론 우시겠지

뒷집 할매

최명조

고요한 새벽 도둑고양이의 두목이 되어 어디를 저리도
왔다 갔다 하는지 할매의 아침은 해보다 빠르다
요 며칠 할매가 보이질 않는다
중풍이 왔단다
뒷집은 적막강산 거미들만이 신 나게 줄을 치고
콩 타작하러 가을볕에 늘어놓은 콩은 오지 않는 주인만 애가 탄다
틈새만 보이면 흙덩이만 보이면 씨를 뿌리고
할매의 손은 들녘 오케스트라의 최고 지휘자가 되어
오이에도 가지에도 상추에도 저마다의 음계를 그린다
내 어릴 적 우리 할매처럼
잠시도 가만있지 않는 뒷집 할매
할매가 없으니 새벽에 안개비만 내린다
할매는 언제 돌아와 또 해의 멱살을 잡아당길까
참 무슨 시베리아의 칼바람도 아니고 그 희한한 바람이
사람을 때려 할매를 요양원에서 집엘 보내 주지를 않는다
장독대위엔 근심이 쌓이고
할매의 손자국이 남아있는 수도꼭지 화분 세숫대야는 바람이 서럽다
꽃을 좋아한 할매
입동이 올 때까지 할매가 안 오면 저 꽃들도 애가 탈 텐데
늦가을 쌈 싸서 먹으라며 계단 위로 던져 주셨던 배추
새벽 고양이처럼 나도 할매가 그립다

허욱도 시인

- 경남 창원 거주
- 대한문학세계 시 등단
- (사)창작문학예술인협의회 정회원
- 대한문인협회 부산 경남 지회 회원
- 저서 : 시집 "목련 그늘 아래서"
- heoukdo@nate.com

낙엽이 되어버린 나뭇잎

허욱도

가을빛으로 물들어가는 저녁
작은 바람에도
어쩌지 못하고 흔들리는 나뭇잎
힘이 없어 보입니다

저물어 가는 황혼
늙은 모습 보이지 않으려고 한 분단장
빨갛게 칠했더니 좋다고들 몰고 오기에
남은 힘 쏟아
여윈 추억담은 세상 물들여 주고

억새도 사연 아는지라
바람을 등에 업고 은빛 머리 휘날리며
돌아오지 않을 청춘 위로해주는데

붙잡은 가지를 놓친 나뭇잎
이제는 돌아갈 수 없는 낙엽 되어
떠나지도 못하는데
나무는 아무 말이 없습니다

진달래

허욱도

봄비 내리는 날
그대 보고 싶어
빗물을 가슴에 묻어두고

꽃 비 내리는 날
그대 그리워
꽃송이들의 몸짓을 본다

바람이 부는 날
그대 보고 싶어
바람꽃 되어 들리는 듯

바람꽃 날리는 날
그대 그리워
초록이 다가옴도 모른다

초록이 오는 날
그리움 아껴두고
진달래는 숨어서 진다

여섯 줄 마음

허욱도

가지 많은 나무 바람 잘 날 없다는데
고목에 열린 여섯 줄

월요일 저녁
고목에 꽃을 피울 수 있도록
늘 밝은 미소로
여섯 줄은 웃음으로 활력을 더해준다

만나면 서로의 안부를 물어주며
늘 반갑게 인사를 나누는 고목의 여섯 줄

부족함을 채워주고 감싸 안으며
언제 어디서 만나도
아름다운 소리로
여섯 줄 마음 변함없으리라

가을비

허욱도

비가
가을비가 내리는 날
가지 못한 단풍놀이 우산을 적시고
비가
가을비가 내리면
겨울이 올까 걱정입니다

감나무 매달린 추억들
가을비에
그렇게 그리움 적시니
은빛 머리 곱게 풀은 갈대의 물결들
가을비에
손짓하며 부릅니다

능소화(凌霄花)

허욱도

세월 속 잊힌 전설이 사랑의 비애(悲哀) 되어
늘어진 가지마다 그리움 걸어 놓고
담을 타고 기어올라 오늘도 피어

시인의 가슴에 고운 시심 안겨주며
들꽃처럼 다소곳하게 짓는 연분홍 미소에
미혹의 함정인 것을 잊고 내 맘 다 주고

주홍빛 치마를 곱게 차려입고 능소화 되어
까치발 치켜세우고 오신다는 임 기다리다 지쳐
통째로 떨어진 꽃잎은 무언의 통곡인 줄 몰랐네

아빠는

허욱도

아빠는
하늘에 별도 해도 달도 따다 주고
은하수에 다리도 놓아 줍니다

아빠는
스쳐 가는 바람이 속삭이게도 해 주고
흘러가는 구름을 그림이 되게도 합니다

아빠는
이슬로 진주 목걸이도 만들어 주고
이 세상을 사랑하는 착한 마음도 줍니다

아빠는
슬플 때나 기쁠 때나
언제나 말없이 마음으로 글을 씁니다

생일 축하합니다

허욱도

그 어느 날
울음으로 시작한 인생항로(人生 航路)

사랑, 고독, 기쁨과 슬픔
그 곁을 지나친 무수한 바람
온갖 희로애락을 겪으며 지낸 숱한 세월 속
흘러간 인생사(人生事)

어느덧
세월의 진한 향기로 품으면서
풍상(風霜)을 조용히 돌아보는 연륜(年輪)

이제는
생(生)의 진솔하고 행복했던 고운 바람이
그대 곁으로 솔솔 불어와
꽃처럼 아름답게 피우시길 빕니다

산

허욱도

땅속에 무엇이 있는지
땅만 보고
오른다

짊어진 배낭 무거워
거친 숨소리
바람에 묻어 버린다

어느 날
고개 들어 하늘을 바라보니
오십이 눈앞이로세

세월이 무심한지
내가 무심한지
말이 없다

낙동강 갈대바람

대한문인협회

부산경남지회 동인문집 창간호

초판 1쇄 : 2014년 12월 20일

지 은 이 : 김 단, 김유경, 김지숙, 김홍님
김희선, 문은자, 신영희, 설경란
염규식, 이성엽, 이애숙, 이옥림,
정미영, 조양상, 채영제, 최명조,
허욱도

펴 낸 이 : 조양상

펴 낸 곳 : 시음사

디자인 편집 : 한지나

연 락 처 : 1899-1341

홈페이지 주소 : www.poemmusic.net

E-Mail : poemarts@hanmail.net

정가 : 10,000원

ISBN : 978-89-91664-94-4